BULLETINS

DE LA RÉPUBLIQUE.

BULLETINS
DE LA RÉPUBLIQUE

ÉMANÉS

DU MINISTÈRE DE L'INTÉRIEUR

du 13 mars au 6 mai 1848.

COLLECTION COMPLÈTE

AVEC UNE PRÉFACE

PAR UN HAUT FONCTIONNAIRE EN ACTIVITÉ.

———

Prix : 50 centimes

———

PARIS

AU BUREAU CENTRAL

6, RUE DE BUSSY.

1848

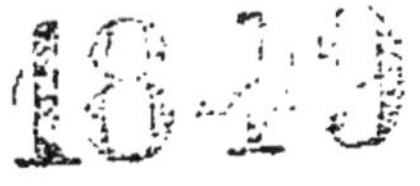

EN GUISE DE PRÉFACE.

Les Bulletins de la République (1), ces enfants perdus, dont la paternité n'est pas encore avouée, ont eu, dans toute l'étendue de la France, un bien triste retentissement. Emanés du ministère de l'intérieur, répandus, à profusion, dans les villes, et surtout dans les campagnes, par les soins des commissaires de département, ils portent un cachet officiel, un caractère d'authenticité qu'il est impossible

(1) Les Bulletins de la République n'ont été insérés ni au *Moniteur*, ni dans le *Bulletin des Lois*. Ils ont paru régulièrement, tous les deux jours, du 13 mars au 6 mai 1848; l'autorité les faisait placarder sur les murs. Chaque Bulletin porte en tête : RÉPUBLIQUE FRANÇAISE. — MINISTÈRE DE L'INTÉRIEUR. La collection se compose de 25 numéros.

de nier ; bon gré malgré, le gouvernement provisoire a donc dû subir la responsabilité morale de cette publication, digne de prendre place parmi les manifestes les plus hardis des mauvais jours de notre première révo-

C'est à M. Jules Favre, alors sous-secrétaire d'état, sous le ministère de M. Ledru-Rollin, qu'on attribue la rédaction exclusive des Bulletins. M. Jules Favre n'a pas protesté contre une pareille accusation, mais il est permis de croire, cependant, que ce *Moniteur du gouvernement provisoire* ne sortait pas, en entier, de l'*ex-ami* de M. Ledru-Rollin, et que quelques collaborateurs anonymes l'aidaient dans ce travail, si sévèrement, mais si justement apprécié. Le Bulletin n° 12, entre autres, trahit une origine particulière ; on y reconnaît, sans peine, les idées, le style et la touche habituelle d'un bas bleu célèbre, voué, depuis quelques années, à la défense de son sexe ; l'auteur de *Lœlia* et de *Valentine* se laisse deviner à chaque ligne, George Sand y occupe une chaire de morale à l'usage des femmes.

A Paris, les Bulletins de la République passèrent presque inaperçus; il ne pouvait en être autrement; les faits dominaient les écrits; la révolution était dans la rue et non pas sur les murs; on agissait, on ne lisait pas encore. En province, l'effet produit par l'arrivée du journal ministériel fut bien différent; il suffit, pour en avoir une idée juste, de se reporter, par la pensée, à la situation politique dans laquelle se trouvent les départements, à cette époque.

Paris vient de leur expédier une révolution par les ailes du télégraphe; en deux jours, une couronne royale de 17 ans s'est brisée sous la main puissante du peuple, personne ne songe à en rassembler les débris épars; la République est proclamée à l'Hôtel-de-Ville.

La province — on n'en doute plus aujourd'hui — ne désirant pas la République, se serait fort bien accommodée d'une régence dans laquelle l'élément démocratique aurait reçu une large satisfaction; la province n'a donc rien fait pour accélérer l'avènement des idées nouvelles; mais elle les accepte avec ferveur, mais elle se rallie sincèrement à la

République, comme à la cause de l'ordre, de l'union, de la liberté, de la paix publique. Dans ces moments de stupeur générale, dans ces moments critiques de la vie des nations où les esprits les plus énergiques, les plus pénétrants ne peuvent se défendre de cette anxiété fiévreuse toujours inséparable des grandes commotions politiques, le ministre de l'intérieur, M. Ledru-Rollin, lance sur les départements une nuée de commissaires généraux ou particuliers, jeunes hommes ou enfants, la plupart sans passé, sans présent, tous bottés, emplumés, enrubannés; une nuée de proconsuls rogues, hargneux, impatients, avides de pouvoir, avec mission *d'agiter*, *de révolutionner*, *de démocratiser le pays.* Toutes les autorités leur doivent obéissance passive, toutes les caisses publiques s'ouvriront à leur voix; ils ont un blanc-seing préalable pour tous les actes qu'il leur plaira d'accomplir; ne parlez pas de lois, elles sont suspendues, les commissaires ne relèvent que d'eux-mêmes.

D'abord, les départements se soumettent à cette tyrannie exorbitante. Frappées de stupeur, les populations n'opposent aucun obstacle aux bizarres exigences de ces dictateurs; ils règnent et gouvernent; ils partagent la France en deux camps, vainqueurs et vaincus, républicains de la veille, républicains du lendemain; on leur laisse faire leur besogne; on ne les empêche pas plus de déclamer, en place publique ou sur la borne, contre la propriété, contre la famille, contre les *bourgeois*, que de choisir, presque toujours, leurs conseillers intimes parmi les hommes tarés que la cité réprouve; mais on espère que l'autorité supérieure ne tardera pas à élever la voix, et qu'alors toutes ces mauvaises passions qui débordent, à l'appel incessant du commissaire, rentreront dans leur lit de boue, pour n'en plus sortir (1).

(1) Nous devons à la vérité déclarer que parmi les commissaires expédiés en province, à cette époque de transition, il en est certains dont la conduite a été parfaitement honorable. Il nous est impossible de citer tous les noms qui appartiennent à cette catégorie, notre mémoire est en défaut, mais, en première ligne, se présentent MM. Teulon, Lucien Guignes, Emile Ollivier, Dussard, Thouret, etc.

Les bulletins paraissent.

Dès le début, il faut en convenir, malgré sa forme ampoulée, malgré son ton dogmatique et ses allures cavalières, le journal révolutionnaire se montre assez bon homme et ne s'éloigne pas trop des règles immuables de la justice, des principes de fraternité qu'il a soin d'invoquer; les lecteurs y remarquent, avec une joie indicible, la condamnation des doctrines sauvages proclamées par les commissaires. Mais ces agents n'en continuent pas moins le cours de leurs prédications démagogiques, des instructions confidentielles les y autorisaient sans doute : comment interpréter autrement la différence de leurs paroles avec l'esprit des *bulletins?*

La province s'émeut alors, car la mesure est comble; des attroupements se forment à la porte des hôtels occupés par les commissaires; on exige le départ immédiat de plusieurs d'entre eux; quelques-uns reçoivent même des marques frappantes de l'irritation populaire.

Dans certains départements plus timides on discute la valeur des commissaires; on veut savoir par suite de quels services antérieurs ils ont mérité l'honneur de diriger une population ; la plupart de ces agents ne peuvent supporter un pareil examen : ils se retirent ou font des concessions. Tandis que l'opinion se modifie ainsi à l'endroit des *citoyens commissaires*, des milliers de rapports secrets s'envolent vers Paris, et avertissent le gouvernement provisoire que la République est en danger, qu'il faut agir avec fermeté, *terroriser* même. On tient conseil, ces résistances partielles déplaisent, en haut lieu; on y voit une protestation contre la République; il ne fallait y reconnaître au contraire qu'une manifestation énergique contre les agents qui la représentaient si mal, et qui, au lieu de la faire aimer, agissaient de leur mieux, par leurs actes, par leurs discours, pour la faire détester. Le gouvernement républicain est, sans aucun doute, dans nos mœurs, dans nos traditions, puisqu'il a résisté à tout le mal que lui ont fait les commissaires. Quoi qu'il en soit, pour donner satisfaction à des exigences nettement formulées et par trop justes, quelques commissaires sont destitués, d'autres sont remplacés, mais les *bulletins de la République* prennent dès lors le ton de la menace. M. le ministre de l'intérieur est irrité contre la province qui bafoue ses commissaires, les tourne en ridicule, les chasse, les jette même en prison; le *bulletin* traduit énergiquement sa colère. D'ailleurs, l'heure des élections va sonner, et il faut obtenir, à tout prix, de *bonnes* élections; lisez plutôt : « Si les élections ne font pas triompher « la cause sociale, si elles sont l'expression des « intérêts d'une caste, arrachée à la confiante « loyauté du peuple, les élections qui de- « vaient être le salut de la République en se- « ront la ruine. *Il n'y aurait alors qu'une voie* « *de salut pour le peuple, ce serait de manifes-* « *ter une seconde fois sa volonté et d'ajourner* « *les décisions d'une fausse représentation na-* « *tionale.* » N'est-ce pas là un appel direct à la révolte? De telles paroles ont malheureusement porté leurs fruits, l'attentat du 15 mai, les sanglantes journées de juin en sont les terribles conséquences.

D'un autre côté, les bulletins tracent aux

commissaires la ligne de conduite qu'ils devaient suivre dans la préparation de la matière électorale. Comme aux plus mauvais jours du règne de Louis-Philippe, le gouvernement doit descendre dans l'arène où s'agitent les ambitions, et prendre parti pour tel ou tel candidat; tous les tripotages électoraux de la royauté déchue se reproduisent; mais, cette fois, au grand jour et sans vergogne. *Le bulletin de la République* autorise, exige même l'immixtion du commissaire dans le choix du représentant. Plusieurs commissaires, pour exécuter plus fidèlement les ordres de leur patron, se font élire comme les plus dignes, mais tous proclament unanimement que l'intelligence, que les services rendus à la cause publique, sous d'autres règnes, ne peuvent être des titres suffisants pour légitimer une candidature. A un gouvernement nouveau, disent les bulletins, les circulaires et les commissaires, *il faut des hommes nouveaux*. Brochant sur le tout, le ministre de l'instruction publique, M. Carnot, dans une circulaire déplorable, pour ne pas dire plus,

s'écrie : « Des hommes nouveaux, voilà ce que
« réclame la France! Une révolution ne doit
« pas seulement renouveler les institutions,
« il faut qu'elle renouvelle les hommes. On
« change d'outil quand on change d'ouvrage. »

De toutes ces prétentions, qui seraient bien
ridicules si elles n'étaient pas aussi coupables,
la France a fait bonne justice.

Les bulletins de la République n'existent
plus aujourd'hui que dans le portefeuille de
quelques amateurs de curiosités bibliographi-
ques; nous avons réuni en volume cette sé-
rie de documents. Ils resteront comme le témoignage irrécusable des fautes d'un gouvernement qui, pouvant rallier tous les partis, n'a
réussi qu'à envenimer leurs irritations, qu'à
augmenter leurs rancunes. La République
n'est pas le domaine de quelques-uns, elle appartient à tous. En créant une aristocratie de
calendrier, en fabriquant un nobiliaire de da-
tes et distribuant des brevets de patriotisme
aux premiers inscrits seulement, les républicains de la veille ont perpétué volontairement
des luttes, dont ils reconnaissent, il est vrai,

mais un peu tard, la souveraine injustice. Que cet enseignement ne soit donc pas perdu; puissions-nous comprendre enfin que la République française ne sera jamais plus glorieuse, plus fermement assise sur sa base, que lorsque tous ses enfants seront fraternellement unis.

BULLETINS

DE LA RÉPUBLIQUE

du 13 mars au 6 mai 1848.

COLLECTION COMPLÈTE.

BULLETIN DE LA RÉPUBLIQUE.   N° 1.

MINISTÈRE DE L'INTÉRIEUR.

Paris, 13 mars 1848.

La République ouvre au peuple une ère nouvelle. Jusqu'ici déshérité des droits politiques, le peuple, le peuple des campagnes surtout, ne comptait pas dans la nation, ou ne comptait que par les impôts qui pesaient sur lui. Laborieux artisan de la fortune publique, l'agriculteur ne communiquait avec le gouvernement que par l'intermédiaire du percepteur. C'était un perpétuel sacrifice sans aucune compensation. Une fois que le peuple avait payé, le gouvernement ne lui parlait plus. Ni enseignement, ni conseils, ni sympathies, ni leçons n'arrivaient jusqu'à lui. La presse même, cette grande conquête de la civilisation, était muette pour lui, et la parole de la vérité ne retentissait pas à ses oreilles, car la vérité coûtait trop cher.

La première mission du Gouvernement républicain, et c'est là ce qui rend sa tâche difficile, est de réparer de séculaires injustices. A ce peuple si long-temps oublié, il doit non seulement une aide matérielle, mais mieux encore un aliment spirituel.

Habitants des campagnes, ouvriers des cités industrielles, la vie politique qui commence pour vous a sa

1

morale, ses lois, ses obligations. A qui appartient-il mieux de vous les faire connaître qu'à ceux que votre confiance a placés à votre tête? Chaque jour le Gouvernement va se mettre en communication directe avec vous. Chaque jour sa parole, multipliée dans vos hameaux, dans vos carrefours, ira vous porter des encouragements et des conseils. Vos rues seront autant de tribunes, et vos murs autant de voix. Le plus solide lien entre un gouvernement et le peuple est un perpétuel échange d'idées et de sentiments. La royauté, qui dédaignait le peuple, n'avait pas besoin de lui parler; la République, qui est une émanation du peuple, doit lui parler sans cesse pour l'éclairer; car l'éclairer, c'est le rendre meilleur, et le rendre meilleur, c'est le rendre plus heureux.

La chute si rapide de l'ex-roi Louis-Philippe, tombé en quelques heures de son trône, et chassé de France par le mépris public, est un grand enseignement.

Il y a peu de jours encore, il figurait parmi les monarques les plus puissants de l'Europe. Il en était le plus riche; il se plaisait à vanter la protection de la Providence, qui l'avait préservé de nombreux dangers, qui l'entourait d'une famille florissante. Fier de son habileté, il s'appuyait d'une main sur une Chambre des députés docile, de l'autre sur une armée formidable. Il annonçait par la bouche de ses ministres qu'il ne céderait pas; et il semblait que Paris, regorgeant de troupes, entouré de forteresses, dût nécessairement plier devant lui.

Qu'est-il arrivé pourtant?

Quelques hommes de cœur ont fait appel au peuple. Le peuple est descendu dans la rue pour protester avec eux. L'ex-roi a donné l'ordre de le dissiper par la force. Aussitôt, et comme par enchantement, sur tous les points de la grande ville, la résistance la plus énergique a commencé. Les barricades se sont élevées. Le sang a coulé. Mais le peuple ne craint pas la mort; il donne volontiers sa vie pour la liberté. Bientôt les soldats se sont émus. Eux aussi sont le peuple. Ils n'ont pas voulu égorger leurs frères. A part un petit nombre qu'on avait égaré, tous ont livré leurs armes et se sont jetés dans les bras de leurs concitoyens. Les coupables ministres qui avaient préparé l'anéantissement de Paris se sont enfuis honteusement. Aucun n'a payé de sa personne; aucun n'a cherché à protéger son maître : celui-ci est demeuré seul dans son palais abandonné. Le peuple approchant, il a fui à son tour, sans escorte, sans serviteurs, sans ami. Il a gagné en toute hâte le rivage de la mer, d'où il espérait se sauver en Angleterre. Pendant près d'une semaine, Dieu a déchaîné une effroyable tempête qui a empêché sa traversée. Il a erré de ferme en ferme, déguisé, recourant à mille ruses pour se cacher, jusqu'à ce que, profitant du premier bateau pêcheur qui a pu l'embarquer, il est allé pleurer à l'étranger la perte de sa couronne, et jouir de tous les millions qu'il a enlevés à la France.

Comment donc s'est brisé si vite son pouvoir qui semblait si fort? Comment a-t-il été précipité du rang le plus élevé au dernier degré de l'abjection? C'est qu'il avait perdu l'affection et l'estime du peuple. Fils de la révolution qui avait abattu Charles X, il n'avait été élu qu'à la condition de rendre la nation libre et heureuse. Au lieu de cela, il s'est constamment appliqué à la tromper pour lui arracher un à un ses priviléges et ses écus. Accroître son pouvoir personnel et sa fortune, tel a été le but constant de ses efforts. Pour y parvenir, il a employé mille moyens fallacieux; il a consacré une partie de ses trésors à corrompre. Il s'est cru inattaquable, parce qu'il avait des fonctionnaires serviles. Vainement les hommes indépendants répétaient-ils que la nation souffrait, qu'elle était abaissée au dehors, opprimée au dedans. Il ne voulait rien entendre. La moindre amélioration aurait porté atteinte à ses intérêts, et il la refusait obstinément. Le peuple s'est détaché de lui, il a compris qu'il avait en lui un ennemi. Il s'est levé, et la monarchie a disparu.

Ainsi périra tout pouvoir qui ne reposera pas sur la confiance et l'estime du pays. Or, après l'expérience de Louis XVI qu'on disait honnête et qui trahissait la France; de Napoléon qui nous enivrait de gloire, mais nous asservissait; de Louis XVIII et de Charles X qui promettaient des institutions libres et qui les retiraient; de Louis-Philippe qui devait être le premier citoyen et qui a cherché à nous escamoter nos libertés et notre argent, après la ruine successive de ces trônes, dont la chute amène toujours un déplorable ébranlement, l'expérience est faite. Nous n'admettons plus que le droit de gouverner une nation intelligente et forte appartienne à un prince, parce qu'il est fils d'un roi, fût-il un scélérat ou un imbécile. Nous n'acceptons pas la comédie d'une royauté qui serait représentée par un enfant ou par une femme. Toutes ces fictions ont fait leur temps. Nous les repoussons comme impossibles, comme dangereuses. Nous sommes assez éclairés pour être nos maîtres, et pour choisir ceux auxquels nous remettons le pouvoir.

Que dirait-on dans une commune si le maire se prétendait appelé à demeurer jusqu'à la fin de ses jours à la tête de ses administrés? Que dirait-on si, après lui, ceux-ci étaient contraints de subir sa descendance? La raison publique se révolterait. Tout le monde est d'accord pour reconnaître qu'une commune ne sera bien gouvernée que par un homme sage, laborieux, honnête; que cet homme ne peut être désigné que par le libre choix de ses concitoyens. Investi d'un pouvoir temporaire, responsable de ses actes, il s'attachera à justifier l'honneur dont il est l'objet. Il se montrera accessible, juste, réservé. Il s'entourera de bons conseils, et fuira les intrigants. Il tâchera de signaler son administration par d'utiles travaux. Eh bien! votre commune, c'est l'image de la nation. Un roi de France est aussi contraire à la raison que le serait un roi de village; il y est aussi dangereux; et, tout de même que la commune, la nation sera d'autant plus heureuse que tous ses magistrats, sans exception, seront pris parmi les plus dignes et les plus éclairés.

La victoire du peuple de Paris donne donc à la France le gouvernement le plus raisonnable et le plus solide. La monarchie, appuyée sur l'intérêt d'un seul, s'écroule au premier choc sérieux; la République, fondée sur l'intérêt de tous, garantie par l'exercice de toutes les libertés, ne peut périr. Le peuple se régit lui-même. Il n'a pas d'ennemis. Il gouverne par les magistrats qu'il nomme. Qu'il s'attache donc à les choisir parmi ceux qui sont instruits de ses besoins et sympathiques à sa cause, et les révolutions seront désormais impossibles inutiles.

BULLETIN DE LA RÉPUBLIQUE.   N° 2.

MINISTÈRE DE L'INTÉRIEUR.

Paris, 15 mars 1848.

Si le peuple avait renversé le trône de Louis-Philippe pour établir sur ses ruines un gouvernement tout semblable, il eût fait acte de folie.

Mais le peuple est intelligent autant que brave.

Ce qu'il a voulu, il le veut encore; le voici :

Au lieu du pouvoir d'un seul, le pouvoir de tous.

Au lieu du privilége d'une famille, le droit de la nation, où tous les citoyens sont frères.

Au lieu du règne de la faveur et de la corruption, l'application sincère des principes de justice et d'égalité.

Le peuple a horreur du sang et des vengeances, il ne persécute pas ses ennemis. Mais aujourd'hui qu'il a recouvré sa force, il n'en confiera l'exercice qu'à ceux dont il connaît le dévouement et la probité.

Aussi quelle a été sa conduite après la victoire?

Tout fumant encore de la bataille dans laquelle il venait de verser son sang, il a envahi la Chambre des députés, où quelques partisans aveugles de la monarchie essayaient de faire descendre la couronne sur la tête d'un enfant de dix ans. Il s'est trouvé en face de ce troupeau servile qui avait constamment appuyé l'ex-roi et ses ministres dans toutes leurs entreprises contre nos libertés. Et cependant aucune violence n'a été commise. Seulement, au souffle du vainqueur s'est écroulé ce frêle édifice d'une régence surprise à la peur d'une majorité tremblante. Les princes se sont sauvés, et nul ne s'est souvenu de leur longue et insolente domination; ils n'ont été l'objet ni d'une attaque, ni d'un outrage. Tout entier à sa grande tâche, le peuple a désigné par ses acclamations ceux des députés qu'il savait être ses amis. Il les a salués membres du Gouvernement provisoire.

C'est ainsi que s'est constitué le pouvoir révolutionnaire dont la mission a été d'installer un ordre nouveau; les hommes qui l'ont accepté étaient depuis longtemps prêts à donner leur vie pour arracher la France au système qui la perdait. Leur premier acte a été de marcher au milieu de la cité soulevée vers l'Hôtel de ville où les attendaient des milliers de citoyens. Là, leur autorité a été consacrée avec des transports d'enthousiasme, et le peuple a proclamé l'abolition de la monarchie et la constitution de la République.

Pourquoi la foule immense qui couvrait la place de Grève et les quais a-t-elle accueilli cette proclamation avec ivresse? Pourquoi cette nouvelle, volant de bouche en bouche, a-t-elle fait couler des larmes de tous les yeux? Pourquoi les armes sont-elles tombées de toutes les mains? Pourquoi depuis nul désordre sérieux? Et partout, au contraire, la modération, l'humanité, la patience?

C'est qu'en se constituant *République*, le Gouvernement a pris l'obligation de satisfaire tous les intérêts légitimes, de donner du pain au travailleur, d'effacer toute distinction de classes, d'abolir tous les priviléges, de réduire les impôts, ou du moins de les répartir avec plus d'équité, d'appeler enfin tous les citoyens à l'exercice complet des droits politiques. Comment, en présence d'un pareil avenir, le peuple ne serait-il pas calme et plein de confiance?

Aussi ce mot magique a calmé en quelques heures cette masse d'hommes armés dont la grande ville était inondée, et qui est aussitôt rentrée dans ses paisibles habitudes. Les barricades se sont abaissées, et sur l'aile des télégraphes le récit prodigieux de ces grands évènements s'est répandu dans toute la France.

La France entière a tressailli. Ce sublime spectacle, donné par la population de Paris, a rencontré partout des admirateurs. Chacun se sentait fier d'être l'enfant d'une famille ainsi représentée. Et si, un instant, quelques esprits mal préparés à un changement si brusque ont pu s'inquiéter, ils ont été bien vite rassurés.

Le Gouvernement provisoire a montré immédiatement la droiture de ses intentions et la force de son autorité. Chacun de ses actes a porté la double empreinte de son dévouement à la cause du peuple, et de la fermeté à en défendre les droits.

Il a adopté les enfants des citoyens morts pour la patrie, pourvu largement au sort des blessés, anéanti pour jamais la royauté, appelé sous les drapeaux de la garde nationale mobile vingt-cinq mille volontaires.

Il a converti le palais des Tuileries, séjour de la

royauté, en une maison d'asile pour tous les ouvriers vieux ou infirmes.

Il a pris pour sa devise ces trois mots empruntés à l'Évangile : *Liberté, Égalité, Fraternité.*

Il a maintenu le drapeau tricolore, celui que nos pères ont illustré sous la République et à l'ombre duquel les glorieux soldats de l'Empire ont fait le tour de l'Europe.

Enfin, annonçant au monde avec un noble orgueil que la nation française, reprenant possession d'elle-même, était assez puissante pour demeurer magnanime, il a proclamé l'abolition de la peine de mort.

En même temps il ouvrait des ateliers nationaux où tous les bras pouvaient être occupés, et constituait au Luxembourg, dans le palais même de la pairie, une commission permanente chargée d'examiner et de résoudre toutes les questions relatives au sort des travailleurs. Cette commission, composée d'ouvriers de toutes les professions, s'est mise tout de suite à l'œuvre. Elle va préparer les éléments de la législation nouvelle qui doit changer la face de l'industrie et de l'agriculture.

Le peuple a donc vraiment remporté une belle, une fructueuse victoire. Il a conquis sa place qui ne lui sera plus enlevée. Il est devenu son maître; c'est pour cela qu'il est modéré. Il a besoin de calme pour découvrir et appliquer les meilleurs principes d'organisation.

Dans quelques jours tous les Français vont être appelés à déléguer leurs pouvoirs à des députés qui formeront l'assemblée constituante. Ici, plus de catégories, plus de priviléges. Tous sont électeurs, tous sont éligibles, hors ceux que la justice a frappés. L'armée elle-même participe à l'exercice de ce droit. Elle en usera avec indépendance, et cet acte de liberté resserrera plus intimement encore les liens étroits qui l'unissent au peuple dont elle sort.

Confiance donc, citoyens, applaudissons à la régénération de notre chère patrie ! Unissons nos cœurs et nos volontés pour demeurer dignes de la souveraineté que nous avons recouvrée! Préparons-nous avec un noble enthousiasme à pénétrer nos mandataires de l'esprit révolutionnaire qui, d'un bout à l'autre de notre France, fait bondir tous les cœurs généreux ! La révolution, c'est la gloire nationale ! la révolution, c'est la richesse du

pays décuplée par l'abolition des impôts iniques et la
sage répartition des produits ! la révolution, c'est la paix
et la concorde, c'est la grande loi de la fraternité, c'est
le commencement d'une ère de grandeur et de prospérité dont les siècles passés ne peuvent nous fournir aucun exemple.

- Confiance donc, et serrons-nous tous autour du drapeau de notre sainte République !

—

BULLETIN DE LA RÉPUBLIQUE.   N° 3.

MINISTÈRE DE L'INTÉRIEUR.

Paris, 17 mars 1848.

N'en croyez pas les gens qui vous disent que la République est impossible; — que le gouvernement républicain est impraticable.

Nulle forme de gouvernement, au contraire, n'est plus
simple dans son organisation, — plus aisée dans sa
marche.

Les fictions fondamentales de la monarchie enfan-
taient mille mensonges dans l'administration publique;
— et chacun de ces mensonges avait pour but de cacher
un vol fait au pays tout entier, pour le profit de quelques privilégiés, de quelques serviles favorisés.

Avez-vous jamais calculé ce que nous coûtait ce mar-
chandage odieux qui s'exerçait de la base au faîte de
l'administration? — ces ventes des suffrages d'électeurs
aux députés vendus, — et ces ventes des députés aux
ministres, à la royauté?

Que se donnaient donc les uns aux autres tous ces tra-
fiquants? — Avec quoi se payaient-ils mutuellement,—
sinon avec l'argent du peuple?

Veut-on voir le plus clair résultat de cette vente publique, universelle, des richesses de la France?

On n'a qu'à lire le rapport du ministre des finances,
Garnier-Pagès, qui expose en quel état la monarchie a
laissé les finances du pays.

Comment, en effet, donner une direction juste et
droite aux intérêts généraux, qui résument tous les intérêts, au travers de cet échafaudage de friponneries
échelonnées?

Comment tracer d'une main ferme et habile le plan des grandes voies nouvelles de communication qui devaient doubler et féconder toutes les forces productives, quand chaque ligne de ce plan était disputée, effacée, détournée, tronquée au gré des cupidités individuelles qui dirigeaient la politique?

Comment songer aux grandes innovations qui pouvaient introduire dans l'agriculture les capitaux et les mille ressources de l'industrie, quand les trésors de l'Etat se dissipaient en faveurs particulières?

Comment donner aux institutions publiques de crédit qui auraient fertilisé et l'agriculture et la petite et même la grande industrie, des ressources qu'on prodiguait à l'entretien d'une armée réservée alors exclusivement à défendre une dynastie sans appui dans l'opinion?

Si fertile que soit l'imagination de ceux qui calomnient la République, parviendront-ils à combiner dans leurs rêves un système plus ruineux que celui dont le Gouvernement républicain reçoit le triste héritage?

Concitoyens, croyez-en votre raison plus que ces alarmistes absurdes.

La République ne vient pas bouleverser vos légitimes intérêts; — elle vient mettre fin à cet indigne pillage de la fortune publique.

Elle vient rendre la vie à toutes les grandes forces productives du pays, en les mettant au service des idées générales et des intérêts réellement nationaux.

C'est un régime simple, facile, où tout se coordonnera paisiblement, sans bruit, sans secousse, pourvu que chacun fasse son devoir honnêtement, use de son droit avec courage et fermeté.

N'en croyez pas ceux qui vont chercher dans l'histoire des souvenirs lointains pour vous effrayer sur l'avenir.

A l'époque dont ils parlent, la démocratie était à peine dans les mots; — elle est aujourd'hui partout: dans les intérêts, dans les idées, dans les mœurs.

La démocratie française était alors menacée par toutes les forces organisées des vieilles monarchies féodales. — Aujourd'hui, c'est elle qui l'emporte dans l'équilibre des forces. Chaque jour ajoute un poids nouveau en sa faveur. Pour étouffer la liberté, si nous savons aux yeux dés peuples soutenir son drapeau avec une calme énergie, il faudrait désormais des catastrophes impossibles : — le massacre de deux ou trois millions d'hommes sur les champs de bataille ; — le meurtre violent de tous les hommes éclairés, non seulement de la France, mais de la Suisse, de l'Italie, de l'Allemagne même !

Non ! l'avenir ne verra pas ces invraisemblables horreurs ! Le despotisme, en eût-il l'audace, n'en aurait pas la force.

Paix au dehors. — Paix, liberté, prospérité au dedans, voilà donc notre avenir.

Il dépend de nous, de nous seuls.

Que chacun de nous le sente et élève son cœur au niveau de cette grande situation.

Que, grâce à l'union des citoyens dans le sentiment républicain, l'assemblée appelée à constituer le gouvernement définitif résume en elle cette noble pensée, l'ÉGALITÉ, qui résume, elle, tout le travail intellectuel et moral de la France dans le passé et sa tâche dans l'avenir !

En donnant son vote, chaque citoyen va disposer, pour sa part, du destin de la patrie.

Choisir des hommes qui ne se sentent pas dans le cœur cet instinct de l'égalité ; — qui n'ont pas dans l'esprit cette notion claire de la justice sociale ; — qui rêvent des distinctions d'un ordre quelconque ; — qui, avant toute réflexion, n'éprouvent pas l'ardent besoin de réunir, de concentrer toutes les forces de la France dans la fraternité ; — ce serait de vos propres mains préparer la ruine de la patrie, les déchirements des partis, la guerre civile peut-être !

Élire des hommes de privilége, emprunter aux régimes précédents les éléments faibles ou corrompus qui ont précipité leur chute, ce serait semer les seuls ferments de discorde qui soient désormais à redouter.

La concorde, au contraire, naîtra de l'unanimité du sentiment populaire et républicain.

C'est donc votre amour de l'ordre qui doit vous inspirer.

Vous êtes libres ; — nul pouvoir oppresseur, nulle influence corruptrice ne viendra peser sur vous et forcer ou gagner vos suffrages.

Mais que cette liberté même vous fasse sentir l'immense responsabilité qui pèse sur vous.

Vous allez disposer du sort, non seulement de la France, — mais de celui de tous les peuples libres ou qui aspirent à l'être.

Vous allez décider si la France a eu raison de s'affranchir de toutes les tyrannies et de toutes les corruptions du passé, et d'offrir aux peuples son exemple à suivre.

Si, par malheur, vous vous laissiez aller aux frayeurs puériles que veulent vous inspirer les ennemis de la République; — si vous écoutiez d'autres influences que celles d'un patriotisme courageux, sincère, inflexible; — par cette faiblesse vous prépareriez à la patrie de longues calamités; — vous déshonoreriez à jamais aux yeux du monde la justice, la liberté, l'égalité, ces grands principes pour lesquels sont morts nos glorieux pères! Vous déshonoreriez nos pères eux-mêmes jusque dans leur tombe! — Car vous auriez décidé qu'ils ont versé leur sang pour de vaines illusions, et remué le monde pour courir après de puérils fantômes!

———

Nous publions quelques extraits d'une lettre au peuple publiée par George Sand.

BON ET GRAND PEUPLE,

Un abîme où ton sang a coulé sépare ton existence d'hier de celle d'aujourd'hui. Hier, tu semblais écrasé, anéanti par la souffrance : la patrie était en danger plus qu'elle ne fut jamais à l'aurore de notre République, car la honte pesait sur nous, et la honte est mortelle à cette nation qui s'appelle la France. Hier, tout semblait perdu, et ceux mêmes qui voyaient de près la puissance du mal, la croyaient établie pour long-temps encore. Bien peu triomphaient dans leur démence; beaucoup s'alarmaient du lendemain; aucun ne se sentait la force de résister. La plupart de ceux mêmes qui pratiquaient cette puissance impie étaient plus près d'applaudir à sa défaite que d'aider à son triomphe; car, Dieu en soit loué, brave peuple, tes vrais ennemis ne sont pas nombreux ; partout l'impie est un être d'exception, et celui là seul qui ne connaît pas Dieu méconnaît son semblable.

Tu as été grand! tu es héroïque de ta nature; ton audace dans le combat, ton sublime mépris du danger, n'étonnent personne. Personne au monde n'eût osé nier hier les prodiges que tes vieillards, tes femmes et tes enfants savent accomplir. Mais, hier encore, toutes les aristocraties du monde avaient peur de toi, et, doutant de ta clémence, pensaient qu'il fallait arrêter ton élan, ceux-ci par les armes de la violence, ceux-là par les armes de la ruse. Tu avais prouvé cependant déjà que tu savais vaincre et pardonner; mais on avait accumulé tant de maux sur ta tête, depuis dix-huit ans surtout, on avait laissé commettre tant de forfaits contre toi, qu'on regardait ta vengeance, sinon comme légitime (la vengeance ne peut jamais l'être), mais comme inévitable. Tu as prouvé une fois de plus au monde, et d'une manière plus éclatante qu'en aucun des jours consacrés par l'histoire, que tu étais la race magnanime par excellence. Doux comme la force, ô peuple! que tu es fort, puisque tu es si bon! Tu es le meilleur des amis, et ceux qui ont eu le bonheur de te préférer à toute affection privée, de mettre en toi leur confiance, de te sacrifier, quand il l'a fallu, leurs plus intimes affections, leurs plus chers intérêts, exposé leur amour-propre à d'amères railleries; ceux qui ont prié pour toi et souffert avec toi, ceux-là sont bien récompensés, aujourd'hui qu'ils peuvent être fiers de toi, et voir ta vertu proclamée enfin à la face du ciel. Venez tous, morts illustres, maîtres et martyrs vénérés, venez voir ce qui se passe maintenant sur la terre; viens le premier, ô Christ! roi des victimes, et, à ta suite, le long et sanglant cortége de ceux qui ont vécu du souffle de ton esprit et qui ont péri dans les supplices pour avoir aimé ton peuple! Venez, venez en foule, et que votre esprit soit parmi nous.

Ce peuple intelligent, qu'on a volontairement et criminellement privé de la connaissance de sa propre histoire, ignore beaucoup de vos noms, et a méconnu peut-être plus d'une fois vos œuvres. Mais il lui faudra bien peu de temps pour tout savoir, car il est jeune; et, pour illuminer son esprit, il ne faut que quelques paroles de vérité recueillies par son cœur. Que sera donc ce peuple

dans quelques années, quand lui-même, prenant le soin
de se gouverner, aura créé les moyens de s'instruire!
Tu vas régner, ô peuple! Règne fraternellement avec
tes égaux de toutes les classes, car la République, cette
arche sainte de l'alliance, sous les ruines de laquelle
désormais nous devons tous périr plutôt que de l'abandonner, la République, cette forme par excellence des
sociétés durables, proclame, et consacre devant l'univers, qu'elle prend à témoin de son serment, l'égalité
des droits de tous les hommes.

BULLETIN DE LA RÉPUBLIQUE. N° 4.

MINISTÈRE DE L'INTÉRIEUR.

Paris, 19 mars 1848.

Le Gouvernement provisoire au peuple français.

Citoyens,

A tous les grands actes de la vie d'un peuple, le Gouvernement a le devoir de faire entendre sa voix à la nation.

Vous allez accomplir le plus grand acte de la vie d'un
peuple : élire les représentants du pays, faire sortir de
vos consciences et de vos suffrages, non plus un Gouvernement seulement, mais un pouvoir social, mais une
constitution tout entière! Vous allez organiser la République.

Nous n'avons fait, nous, que la proclamer; portés
d'acclamation au pouvoir pendant l'interrègne du peuple, nous n'avons voulu et nous ne voulons d'autre dic-
tature que celle de l'absolue nécessité. Si nous avions
repoussé le poste du péril, nous aurions été des lâches.
Si nous y restions une heure de plus que la nécessité ne
le commande, nous serions des usurpateurs.

Vous seuls êtes forts!

Nous comptons les jours. Nous avons hâte de remettre
la République à la nation.

La loi électorale provisoire que nous avons faite est
la plus large qui, chez aucun peuple de la terre, ait jamais convoqué le peuple à l'exercice du suprême droit
de l'homme, sa propre souveraineté.

L'élection appartient à tous sans exception.

A dater de cette loi il n'y a plus de prolétaire en France.

Tout Français en âge viril est citoyen politique. Tout est égal et absolu pour tous. Il n'y a pas un citoyen qui puisse dire à l'autre : « Tu es plus souverain que moi ! » Contemplez votre puissance, préparez-vous à l'exercer, et soyez dignes d'entrer en possession de votre règne !

Le règne du peuple s'appelle la République.

Si vous nous demandez quelle République nous entendons par ce mot, et quels principes, quelle politique, quelles vertus nous souhaitons aux républicains que vous allez élire, nous vous répondrons : « Regardez le peuple de Paris et de la France depuis la proclamation de la République ! »

Le peuple a combattu avec héroïsme.

Le peuple a triomphé avec humanité.

Le peuple a réprimé l'anarchie dès la première heure !

Le peuple a brisé de lui-même, aussitôt après le combat, l'arme de sa juste colère. Il a brûlé l'échafaud. Il a proclamé l'abolition de la peine de mort contre ses ennemis.

Il a respecté la liberté individuelle en ne proscrivant personne.

Il a respecté la conscience dans la religion qu'il veut libre, mais qu'il veut sans inégalité, sans privilège.

Il a respecté la propriété.

Il a poussé la probité jusqu'à ces désintéressements sublimes qui font l'admiration et l'attendrissement de l'histoire.

Il a choisi, pour les mettre à sa tête, partout les noms des hommes les plus fermes qui soient tombés sous sa main. Il n'a pas poussé un cri de haine ou d'envie contre les fortunes.

Pas un cri de vengeance contre les personnes.

Il a fait, en un mot, du nom de peuple le nom du courage, de la clémence et de la vertu.

Nous n'avons qu'une seule instruction à vous donner ! Inspirez-vous du peuple, imitez-le. Pensez, sentez, votez, agissez comme lui !

Le Gouvernement provisoire, lui, n'imitera pas les gouvernements usurpateurs de la souveraineté du peuple, qui corrompaient les électeurs, et qui achetaient à prix immoral la conscience du pays.

A quoi bon succéder à ces gouvernements, si c'est pour leur ressembler ! A quoi bon avoir créé et adoré la République, si la République doit entrer dès le premier jour dans les ornières de la royauté abolie ? Il considère comme un de ses devoirs de répandre sur les opérations électorales cette lumière qui éclaire les consciences sans peser sur elles. Il se borne à neutraliser l'influence hostile de l'administration ancienne qui a perverti et dénaturé l'élection.

Le Gouvernement provisoire veut que la conscience publique règne ! Il ne s'inquiète pas des vieux partis; les vieux partis ont vieilli d'un siècle en trois jours ! La République les convaincra, si elle est sûre et juste pour eux. La nécessité est un grand maître. La République, sachez-le bien, a le bonheur d'être un gouvernement de nécessité. La réflexion est pour nous. On ne peut pas remonter aux royautés impossibles. On ne veut pas descendre aux anarchies inconnues; on sera républicain par raison. Donnez seulement sûreté, liberté, respect à tous. Assurez aux autres l'indépendance des suffrages que vous voulez pour vous. Ne regardez pas quel nom ceux que vous croyez vos ennemis écrivent sur leur bulletin, et soyez sûrs d'avance qu'ils écrivent le seul nom qui peut les sauver, c'est-à-dire celui d'un républicain capable et probe.

Sûreté, liberté, respect aux consciences de tous les citoyens électeurs: voilà l'intention du Gouvernement républicain, voilà son devoir, voilà le vôtre ! voilà le salut du peuple ! Ayez confiance dans le bon sens du pays, il aura confiance en vous; donnez-lui la liberté, et il vous renverra la République.

Citoyens, la France tente en ce moment, au milieu de quelques difficultés financières léguées par la royauté, mais sous des auspices providentiels, la plus grande œuvre des temps modernes: la fondation du gouvernement du peuple tout entier, l'organisation de la démocratie, la république de tous les droits, de tous les intérêts, de toutes les intelligences et de toutes les vertus !

Les circonstances sont propices. La paix est possible. L'idée nouvelle peut prendre sa place en Europe sans autre perturbation que celle des préjugés qu'on avait contre elle. Il n'y a point de colère dans l'âme du peuple. Si la royauté fugitive n'a pas emporté avec elle tous les ennemis de la République, elle les a laissés impuissants; et quoiqu'ils soient investis de tous les droits que la République garantit aux minorités, leur intérêt et leur prudence nous assurent qu'ils ne voudront pas eux-mêmes troubler la fondation paisible de la constitution populaire.

En trois jours, cette œuvre, que l'on croyait reléguée dans le lointain du temps, s'est accomplie sans qu'une goutte de sang ait été versée en France, sans qu'un autre cri que celui de l'admiration ait retenti dans nos départements et sur nos frontières. Ne perdons pas cette occasion unique dans l'histoire; n'abdiquons pas la plus grande force de l'idée nouvelle, la sécurité qu'elle inspire aux citoyens, l'étonnement qu'elle inspire au monde.

Encore quelques jours de magnanimité, de dévouement, de patience, et l'Assemblée nationale recevra de nos mains la République naissante. De ce jour-là tout sera sauvé! Quand la nation, par les mains de ses représentants, aura saisi la République, la République sera forte et grande comme la nation, sainte comme l'idée du peuple, impérissable comme la patrie.

AUX RICHES.

La grande crainte ou le grand prétexte de l'aristocratie, à l'heure qu'il est, c'est l'idée communiste. S'il y avait moyen de rire dans un temps si sérieux, cette frayeur aurait de quoi nous divertir. Sous ce mot de communisme, on sous-entend le peuple, ses besoins, ses aspirations. Ne confondons point, le peuple c'est le peuple, le communisme c'est l'avenir calomnié et incompris du peuple.

La ruse est ici fort inutile; c'est le peuple qui vous gêne et vous inquiète; c'est la République dont vous craignez le développement. C'est le droit de tous que vous ne supportez pas sans malaise et sans dépit. Un peu de réflexion vous remettrait pourtant l'esprit. La conquête que le peuple a faite de son droit vous arrache-t-elle donc des mains le droit que vous exerciez? Vous croyez-vous sous le régime de la terreur? Avons-nous demandé la tête du roi, de la reine, des princes et princesses ? Avons-nous rasé les châteaux, persécuté les prêtres ? Demandons-nous la loi agraire ?

D'ailleurs, outre que les fatales nécessités du passé n'existent plus et qu'il serait impolitique de faire des victimes, vous nous outragez, vous nous calomniez, vous vous rabaissez vous-mêmes, si vous niez que, depuis plus d'un demi-siècle, nous ne soyons pas devenus plus humains, plus sages, plus éclairés, plus religieux. Prenez garde, la peur que vous avez nous prouve peu de confiance en vous-mêmes, et si vous méconnaissez le progrès que nous avons pu faire, vous révélez que vous n'en avez fait aucun.

Cependant le temps a marché pour tous. A moins que vous ne regrettiez la violence et la tyrannie, vous n'avez pas le droit de supposer gratuitement que nous les regrettons.

Vous êtes toujours les hommes d'hier, vous croyez toujours que c'est par la lutte hostile et amère que vous pouvez sauver votre opinion. Vous êtes dans une erreur inconcevable. Vous ne voyez donc pas que l'*Égalité* à laquelle vous avez droit comme le peuple, ne s'établira que par la *Liberté* ? J'invoquerais aussi la *Fraternité* si je pouvais croire qu'il existât parmi vous un cœur assez desséché pour que ce mot ne portât pas en lui-même toute sa définition, la santé de l'âme.

BULLETIN DE LA RÉPUBLIQUE. N° 5

MINISTÈRE DE L'INTÉRIEUR.

Paris, 21 mars 1848.

Citoyens,

L'imposante manifestation par laquelle le peuple de Paris a répondu à la démarche inconsidérée de quelques compagnies de la garde nationale, a un sens général et profond, et qui dépasse de beaucoup l'à-propos de la circonstance.

Elle ne dit pas seulement que la population de Paris entend se porter tout entière et sans distinction garante de la paix publique ;— elle ne prouve pas seulement que cette unanimité du sentiment de l'ordre existe en fait et peut se réaliser dans l'organisation régulière et dans la discipline; — elle ne promet pas seulement à Paris une garde nationale immense, d'où les malfaiteurs et les gens de mauvaises mœurs seront exclus, et où tout ce qui est animé d'intentions honnêtes viendra faire corps et constituer, en une seule âme, une incomparable puissance civique.

Non, elle signifie plus et mieux que cela.

Elle annonce que la France a compris les nouvelles mœurs publiques qu'exige le gouvernement républicain.

Si, pour chaque homme, c'est une supériorité réelle que de se bien connaître lui-même; — d'avoir une notion claire de ce qu'il peut et de ce qu'il doit faire; — de sa force et de son devoir; — c'est aussi pour une nation un gage de paix, de puissance et de grandeur calme, que de comprendre nettement le régime sous lequel elle vit. Il en résulte dans les mœurs et dans les lois une unité; — dans l'existence collective une simplicité, qui rendent facile l'action du gouvernement.

C'est ce sentiment qui a manqué aux deux restaurations monarchiques qui, successivement, ont fatigué, abaissé et ruiné la France, de 1814 à 1848. Les équivoques combinaisons de leurs fictions constitutionnelles, les mensonges infinis de leur législation, laissaient la nation sans conscience d'elle-même, et, pour ainsi dire, sans âme.

Au travers de leurs distinctions de castes et de toutes les catégories légales, nulle grande aspiration ne pouvait naître; la paix publique même ne savait trouver sa garantie que dans une force grossière, insolente devant les faibles, impuissante devant les fortes émotions du peuple.

L'immense, la grave et calme manifestation de Paris apprend, à qui sait voir, que le peuple a, en un seul jour, compris et adopté les mœurs publiques que lui impose le régime nouveau, l'exercice direct, sincère, incessant de sa souveraineté.

Il ne reste qu'une chose à souhaiter; c'est que cette admirable intelligence se répande partout en France et que tous les citoyens, que toutes les populations entrent et marchent dans l'ère nouvelle avec autant de précision et de fermeté.

La République n'exige pas des vertus impossibles; —

elle ne prétend pas imposer à la civilisation chrétienne et compliquée de notre temps les dures et fabuleuses vertus des républiques antiques.

Elle vient seulement proclamer l'égalité rationnelle de tous les citoyens.

Elle ne se borne pas à les déclarer égaux *devant* la loi; — elle les fera égaux *dans* la loi même.

C'est-à-dire que le législateur ne se contentera plus de poser une règle insensible et brutale, sans se soucier des conséquences que peuvent entraîner les inégalités sociales; — règle, non de justice mais de police, destinée toujours à protéger les heureux et les forts ;

Mais qu'il se placera sans cesse sous l'inspiration du sentiment de la fraternité humaine.

L'égalité républicaine se fonde sur un respect mutuel du droit; — elle oblige le faible comme le fort; — elle les soumet tous deux à une même loi, l'équité.

Elle proscrit la violence; — elle condamne la menace; — elle n'admet que la discussion, arme éternelle de la justice et de la vérité.

Que l'esprit de la République, que le droit nouveau de la paix et de l'équité se répandent donc sur la France entière.

Que les citoyens se sentent tous protégés par cette suprême loi de l'égalité.

Que chacun fasse aux pénibles nécessités d'un moment de transaction les sacrifices nécessaires pour atteindre à un temps meilleur.

Ces sacrifices que réclame la patrie sont, pour les uns, une part de leur superflu ;

Pour les autres, la patience.

A tous un dévouement calme et résolu à l'intérêt commun ; — une fermeté clairvoyante dans l'exercice de leur droit ; — une généreuse et fraternelle confiance dans l'accomplissement de leur devoir.

On lit dans un journal: Vous connaissez cette espèce de gens qu'on appelle les *alarmistes*, porteurs de tristes nouvelles, semeurs de bruits sinistres, messagers de malheurs publics; Paris est tout plein aujourd'hui de ces fâcheux nouvellistes ; à la Bourse, sur les boulevards, le soir aux foyers des théâtres, vous les rencontrez qui vont et qui viennent, l'air mystérieux et douloureux, inoculant à tous ceux qui les approchent la contagion de la peur. Lyon est à feu et à sang ; les faubourgs menacent d'envahir l'Hôtel-de-Ville ; l'ennemi s'avance sur la frontière ; des conspirations réactionnaires s'organisent ; les traîtres exportent jour et nuit tout le numéraire de France ; voici la famine. Que sais-je encore ?... Vous haussez les épaules en entendant parler ces extravagants ; mais de leurs sottises il vous reste au fond une vague inquiétude. De plus timides que vous pourront être réellement épouvantés ; ils propagent à leur tour l'alarme qu'on leur a donnée, et, dans une heure, des milliers de gens seront sur le qui-vive. Nous ne saurions trop prémunir le public contre cette circulation dangereuse de fausses nouvelles. Les alarmistes ont fait beaucoup de mal dans tous les temps de révolution ; les fantômes par eux créés furent cause bien souvent de paniques et de troubles déplorables. Que la population parisienne soit moins prompte à écouter ces gazettes de carrefour ; soir et matin, la presse lui donne des nouvelles véridiques puisées aux sources officielles, et c'est une absurdité désormais de croire qu'elle ne livre qu'une partie de la vérité. Un gouvernement républicain est comme une maison de verre : il ne cache rien, parce qu'il ne peut rien cacher.

BULLETIN DE LA RÉPUBLIQUE.　　Nº 6.

MINISTÈRE DE L'INTÉRIEUR.

Paris, 23 mars 1848.

Le Gouvernement provisoire au peuple français.

Citoyens,

La République est proclamée depuis moins d'un mois, et déjà l'Europe entière s'incline devant elle ; déjà l'ébranlement communiqué par son triomphe agite les vieilles royautés et fait chanceler les trônes. L'Italie, notre sœur, a répondu par des cris d'enthousiasme à la résurrection de notre liberté. Les populations qui couvrent les bords du Rhin réclament de leurs princes des constitutions indépendantes. La Prusse ne peut plus contenir l'élan prêt à éclater, et l'Autriche, ce pays de l'immobilité, vient de secouer glorieusement le joug de plomb que depuis près de quarante années le sombre génie de Metternich faisait peser sur sa tête. Le peuple de Vienne s'est soulevé, et, malgré le feu des troupes réglées, il a rasé le palais de son tyran; en quelques heures la révolution était accomplie. Tremblant dans son palais, l'empereur annonçait qu'il obéirait au vœu public, en accordant la liberté de la presse et la retraite du ministre oppresseur.

Pourquoi cette émotion universelle? pourquoi l'esprit nouveau souffle-t-il de la France sur toutes les nations voisines? pourquoi cette conquête pacifique de ses idées est-elle plus rapide encore que celle de ses armes? En voici la raison : c'est que les peuples comprennent enfin que le règne des tyrannies est passé, et qu'il est temps pour eux de former une sainte ligue contre les pouvoirs égoïstes. La France leur en donne l'exemple. Pure et désintéressée de toute ambition extérieure, sa révolution est le premier mot, le symbole de la délivrance de tous les opprimés. Et quand tous les yeux sont tournés vers elle, quand tous les cœurs tressaillent à ses mâles accents, quand son drapeau sacré sur lequel rayonnent les trois mots divins : *Liberté, Egalité, Fraternité,* est arboré partout comme le signe de l'émancipation, comment ne serait-elle pas invincible, et qui pourrait ne pas reconnaître qu'elle a repris son rang à la tête des nations, que c'est à elle désormais qu'appartiennent les destinées du monde?

Citoyens, soyons-en fiers; assez long-temps humiliée sous l'opprobre d'une lâche politique, notre patrie en a été réduite à pleurer sa gloire et à se faire pardonner sa puissance. Aujourd'hui nous nous retrouvons Français; non pas que nous ayons encore une fois à lancer au travers de l'Europe nos légions victorieuses. S'il le fallait, nous serions prêts; dignes fils de nos pères, nous affronterions avec joie les périls qu'ils ont bravés; mais notre force est plus grande que la leur. Ce n'est plus par les combats, c'est par la pensée que nous allons recouvrer notre suprématie. Au lieu des malheurs et des haines qu'entraînent après elles les conquêtes militaires, nous ne recueillerons que des bénédictions et des sympathies; et, liés en un faisceau fraternel autour de nous, les peuples reconnaissants ajouteront des gages nouveaux à la solidité de la paix, à la sécurité de notre glorieuse République.

Mais pour que les nations marchent résolument à notre suite, il faut nous montrer les intrépides champions de la liberté. Ce qu'elle demande à chacun est simple et facile, si tous nous sommes convaincus que les distinctions sont effacées, qu'en protégeant tous les droits, il est nécessaire d'abolir tous les priviléges. Être vraiment libres, c'est ne reconnaître d'autre autorité que celle de la loi votée par tous les citoyens sans exception; être vraiment égaux, c'est accepter sincèrement un ordre social plaçant sur la même ligne, dotant des mêmes avantages tous les enfants d'une même patrie; c'est n'admettre d'autres différences que celles du talent, du mérite et de la vertu; être vraiment frères, c'est apprendre, c'est mettre en pratique cette règle de commune affection et de naturelle assistance qui rapproche entre eux les membres d'une même famille. Quand un gouvernement repose sur cette triple base, n'est-il pas le modèle de tous les systèmes politiques, et ne doit-il pas partout rencontrer des imitateurs?

Et ne croyez pas que son action soit purement morale, qu'elle se borne à rendre les hommes meilleurs. Elle tend incessamment à accroître leur bonheur, leur bien-être, leurs richesses. La monarchie ne se préoccupe que de l'intérêt d'une race; elle ne craint pas de déchaîner les malheurs de la guerre, de brouiller des nations amies, pour une question d'alliance ou d'établissement. Pire est encore une oligarchie, c'est-à-dire le règne d'un petit nombre d'hommes exerçant l'autorité et se partageant les faveurs. Nous venons d'en faire l'essai. Si en pleine paix nos finances ont été épuisées, si dans toutes les branches de l'industrie le monopole a substitué son action dévorante aux libres efforts du petit travailleur, si l'agriculture, cette mère nourricière des peuples, a été constamment sacrifiée, c'est que l'administration de la France s'est trouvée confiée à une minorité souveraine, avide, égoïste, qui prétendait séparer sa cause du peuple, et le condamner à une éternelle misère, à une éternelle ignorance de ses droits. Cette faction insolente est maintenant en poussière; à son despotisme succède le gouvernement de tous par

tous. Quels sont les premiers actes de ce gouvernement?
de porter hardiment la main sur les abus, de détruire
les impôts qui grèvent les objets de première nécessité,
de supprimer les rouages inutiles et dangereux, de mettre l'argent à la portée de toutes les industries et particulièrement sous la charrue du cultivateur. La terre a
besoin, pour être productive, de deux forces vives : les
bras et les capitaux. Les bras ne manqueront pas quand
ils seront bien dirigés. Ils sont robustes, intelligents, dévoués. Mais, laissés seuls, ils lutteraient vainement contre le sol. Voulez-vous qu'ils opèrent des miracles? Dans
ces pâtis incultes, ouvrez des canaux qui fassent circuler
les eaux stagnantes; couvrez de bestiaux les herbages
abandonnés, et voilà le pays transformé, voilà la richesse
et l'abondance. A leur suite tout se modifie. Les habitations deviennent plus spacieuses, plus commodes et
plus saines. Partout s'élèvent des écoles où les enfants,
les jeunes hommes apprennent à aimer leurs frères, à
servir la patrie, à rendre la terre fertile. Qui peut prévoir à quel degré de prospérité sera conduite une nation qui a dans ses mains un tiers de son sol à défricher,
et les deux autres tiers à régénérer par la science, l'association et le crédit?

Citoyens, voilà notre avenir. La république, c'est l'égalité, c'est l'abaissement graduel de l'impôt, c'est l'argent circulant dans les campagnes. Ne vous effrayez pas
de la gêne occasionnée par la crise que nous traversons.
Nous payons par ces courtes souffrances les dettes de la
monarchie. Soyons forts, soyons unis; ne confions notre
mandat qu'à des hommes éprouvés, aimant vraiment le
peuple, décidés à sacrifier pour sa cause leurs fortunes
et leurs vies, et nous pourrons bientôt dire avec orgueil
que nous sommes la plus libre et la plus puissante des
nations.

———

Chaque jour amène de nouvelles révolutions; la vieille
société féodale et despotique croule de toutes parts;
partout les peuples recouvrent leurs droits et proclament la liberté.

Ce serait mal comprendre ce grand mouvement que
de croire qu'il va s'arrêter en chemin, et que les peu-

ples se tiendront pour satisfaits des demi-concessions
arrachées, par la peur et par la force, à leurs princes.

Partout où elle a été violemment comprimée, la liberté ira jusqu'à ses dernières conséquences. Aussi ne
doutons-nous pas que tous les peuples civilisés du con-
tinent européen ne se soient spontanément constitués,
cette année même, en une grande confédération libre et
républicaine.

—

BULLETIN DE LA RÉPUBLIQUE.   N° 7.

MINISTÈRE DE L'INTÉRIEUR.

Paris, 25 mars 1848.

Citoyens,

Lorsqu'un gouvernement subit la dure nécessité de
demander à la nation un sacrifice exceptionnel, il rem-
plit son devoir en expliquant au peuple les causes de
cette nécessité et l'utilité de ce sacrifice.

La République n'est pas coupable du monstrueux désordre qu'elle a trouvé dans les finances de l'État. Si le
Gouvernement provisoire en a accepté la responsabilité
matérielle, il n'en peut accepter la responsabilité morale.

D'ailleurs, dans la secousse terrible qu'une banqueroute eût donnée à toutes les classes de la société, le
peuple eût bien plus souffert que d'une augmentation
momentanée de l'impôt. L'impôt est un sacrifice régu-
lier que tous supportent également. La banqueroute
est un sinistre qui semble frapper au hasard, mais qui
entraîne avec lui des ruines incalculables.

Cependant, la répartition de l'impôt doit subir de
grandes modifications. Dans un bon système d'organisation sociale, tout ce qui restreint la consommation du
peuple, tout ce qui l'humilie et le blesse par un exercice vexatoire, tout ce qui porte atteinte à ses vrais besoins ou à sa dignité, doit disparaître. L'Assemblée nationale aura, sous ce rapport, des réformes immenses à
décréter, et si elle hésitait à remplir franchement et
grandement ce devoir, elle ne représenterait ni vos intérêts ni vos sentiments.

Apportez donc une grande vigilance à l'élection de

vos députés, et ne croyez point à ceux qui reculeraient devant l'accomplissement immédiat des promesses qu'ils vous auraient faites pour obtenir vos suffrages.

Nous traversons une crise que le patriotisme et le dévouement de tous peuvent facilement conjurer : la monarchie vous avait imposé bien des sacrifices. La République commence par vous demander un sacrifice nouveau ; mais ce sera, à la fois, le premier et le dernier, si vous secondez le mouvement courageux et sincère que la République vous imprime.

Habitants des campagnes, c'est vous surtout qu'une augmentation de contribution étonne et alarme au premier abord. Ne vivant pas au centre de l'action, vous n'avez pas pu vous rendre compte jusqu'ici du mauvais emploi de vos deniers. Sous la République, il vous en sera rendu un compte fidèle. Vous aurez droit de l'exiger, et l'exercice de ce droit sera pour vous un devoir. Votre condition exige de promptes améliorations. Il faudra que l'administration de la République intervienne dans tous les détails de votre vie. Il faudra qu'elle vous donne l'instruction gratuite, moyennant laquelle vous dirigerez vous-mêmes vos affaires publiques et privées, sans craindre d'être trompés par des mandataires infidèles. Que les pères de famille ne craignent pas, en faisant instruire leurs enfants, de les voir abandonner la respectable condition de cultivateurs, pour des entreprises hasardeuses. Sous le régime de l'inégalité, le développement des intelligences créait des ambitions inquiètes, de faux besoins, un injuste dédain pour les paisibles et purs travaux des champs. Sous le régime de l'égalité, l'éducation ne sera plus un fait exceptionnel ; tous se sentiront plus forts et plus utiles, et les habiles ne pourront plus exploiter la crédulité des simples. On ne sera plus un *monsieur*, parce qu'on saura lire et écrire, et le fils ne méprisera point son père et sa mère. Tous les hommes seront *citoyens*, et le plus estimé ne sera point le plus savant, mais le plus sage et le plus honnête.

L'administration de la République devra veiller à tous vos besoins avec une sollicitude dont la monarchie n'était point capable. D'une part, elle diminuera progressivement vos charges ; de l'autre, elle fera servir vos sacrifices, non plus à payer ses créatures et à corrompre

4*

vos consciences, mais à vous donner du bien-être, des lumières, et le bonheur que l'homme doit goûter sur la terre, la justice des institutions, l'égalité des droits, les relations paisibles et fraternelles.

Tout, dans votre situation, appelle l'attention de l'État. Vous habitez des maisons étroites, malpropres et malsaines. L'air pur des champs est vicié dans vos demeures par l'accumulation de la famille, et souvent par celle des animaux domestiques dont elle est à peine séparée. Ceux d'entre vous qui possèdent quelque aisance sont menacés par l'intolérable misère de leurs voisins. Habitants des campagnes, on le sait, la plupart d'entre vous ont le sentiment d'une admirable charité, et, dans les années de disette, on a vu le pauvre nourri par un voisin presque aussi pauvre que lui. Ce n'est pas vous, pères de famille, accablés par des travaux souvent au-dessus de vos forces, qui devez nourrir directement l'indigent. L'Etat doit se charger de ceux qui ne peuvent pas travailler, et si votre bonté leur vient en aide, car, à Dieu ne plaise que la charité soit tarie dans vos cœurs! il ne faut pas, du moins, qu'elle vous réduise vous-mêmes à la misère. Il ne faut pas non plus que le pauvre dépende du caprice du riche; cette situation l'avilit. L'Etat, en se chargeant de lui, représente une famille adoptive; l'aumône de l'individu le dégrade; l'adoption de l'Etat le réhabilite. Il ne faut pas surtout que l'aumône soit arrachée par la crainte. Ce sentiment dénature la conscience humaine et fait d'une vertu une lâcheté. Il faut donc que bientôt la République n'ait plus ni vagabonds ni mendiants.

La République doit aussi s'occuper de l'amélioration de vos terres, faciliter votre commerce qui est la vie même de la France, et auquel d'infâmes spéculations ont, jusqu'à présent, apporté mille entraves. La République doit aussi vous assurer contre tous les sinistres qui menacent vos récoltes. Jusqu'ici vous n'avez eu que le semblant de ces institutions, auxquelles cependant vos impôts eussent suffi. Tandis qu'on donnait du luxe à vos administrateurs, un faible secours, ressemblant à une aumône bien plus qu'à une restitution, vous était accordée à grand'peine quand la grêle, la gelée ou l'inondation avaient ravagé vos champs.

Une administration bien entendue diminuera le bud-

get de l'Etat, et cette réforme peut être immédiate. C'est
vous dire que bientôt vous recueillerez les premiers
fruits du sacrifice qui vous est imposé.

Ce sacrifice, la République le considère comme un
emprunt que, sous toutes les formes, elle vous rendra
peu à peu, et que vous pouvez l'aider à vous rendre au
centuple, en veillant, plus que jamais, au choix de vos
députés républicains.

Il importe donc que vous sachiez d'avance ce que vous
avez le droit et le devoir de réclamer d'une nouvelle
constitution. Réduction des dépenses qui n'enrichiraient
que les personnes appelées à l'administration publique;
suppression de tous les emplois inutiles, augmentation,
par conséquent, de toutes les dépenses qui intéressent
le sort de tous, et prompte manifestation des bienfaits
de l'impôt, répartition nouvelle de certains impôts qui
ne frappent pas le riche et le pauvre dans une proportion
équitable; enfin, le compte rendu de la gestion publique mis à la portée de chacun, et surtout, avant tout
peut-être, conservation du droit de tous à l'élection nationale.

Habitants des campagnes, connaissez vos véritables
intérêts, et repoussez les fatales suggestions de l'égoïsme
et de la peur. Habituez-vous à comprendre la vérité sociale. La vérité sociale est que lorsque chacun pense
exclusivement à son propre intérêt, sans tenir compte
de celui de tous, il marche à sa ruine. Le gouvernement
qui vient de s'écrouler sans retour, prêchait la doctrine
du *chacun pour soi*. Vous avez vu où il vous a conduits,
et les maux dont vous souffrez aujourd'hui sont encore
son ouvrage. Vous qui vivez sous le vaste ciel, en face
de la nature, et dans une sorte de solitude où la voix de
Dieu parle aux hommes un langage solennel et mystérieux, méditez sur les douleurs de vos frères étouffés
dans l'atmosphère des usines, et ne séparez pas vos affections et vos intérêts de ceux des martyrs de l'industrie. Eux aussi, ils apprécient vos souffrances, l'abandon
où vous vivez, les sinistres qui détruisent le fruit de vos
patients labeurs, les spéculations éhontées dont vous
êtes les victimes. Aussi, quand ces hommes secouent le
joug de la tyrannie, ils combattent pour vous, et quand
ils répandent leur sang pour la cause de la liberté, c'est
pour vous qu'ils meurent. Ces hommes sont héroïques;

ne reniez point la gloire qu'ils veulent partager avec vous. Que leur République soit votre République aussi, et qu'une nouvelle ère s'ouvrant pour tous, vous réunisse dans une même pensée de dévouement, dans un même amour pour la patrie.

———

Une grande, une solennelle manifestation a eu lieu aujourd'hui au champ de Mars.

A dix heures, une foule nombreuse de travailleurs venait, dans l'ordre le plus parfait, se ranger autour d'un arbre de la liberté, planté la veille et béni par le clergé du Gros-Caillou.

D'heure en heure, de tous les points, de toutes les avenues, arrivaient, leurs drapeaux en tête, des légions de travailleurs qui saluaient l'arbre des cris, mille fois répétés, de *vive la République!*

A une heure, une députation d'ouvriers s'est rendue au ministère de l'intérieur pour prier le citoyen Ledru-Rollin de venir présider cette cérémonie populaire, et l'inaugurer dignement.

Le ministre s'est rendu aussitôt à l'École militaire, où il a été reçu par le colonel Allard, directeur des travaux.

De l'École militaire, le citoyen Ledru-Rollin est arrivé, suivi de nombreux ouvriers, au pied de l'arbre de la liberté, et après quelques paroles du colonel Allard, qui l'a remercié, au nom des travailleurs, d'avoir consenti à s'associer à cette manifestation, le ministre a prononcé un discours simple, énergique, et rempli de cette éloquence, si sympathique au peuple, qu'il met toujours au service de ses idées républicaines! Ses paroles, prononcées d'une voix forte, mais émue, ont été entendues de tous, et gardées dans la mémoire et dans le cœur de tous. Elles ont provoqué des acclamations nombreuses et passionnées. L'impression qu'elles ont produite sur cette réunion imposante de travailleurs intelligents se rendrait difficilement. Nous ne traçons que de mémoire quelques extraits bien affaiblis de son discours :

« Citoyens, je vous remercie, au nom du Gouvernement provisoire, d'avoir eu la pensée de renouveler ici un grand souvenir, celui de la fédération de 1790!

« Ces remercîments, je ne vous les adresserai pas seulement au nom de la France, mais au nom de l'Europe, mais au nom du monde entier.

« Ce théâtre de la fédération, ce champ de Mars rappelle un glorieux passé : la France, divisée en castes, en aristocraties, en provinces, venant, à l'appel du peuple de Paris, abjurer sur l'autel de la patrie les vieilles haines et les ressentiments séculaires, pour ne faire qu'un peuple, le peuple français ! (Applaudissements énergiques.)

« Il est un autre souvenir, celui du champ de Mai, où la nation menacée par l'invasion étrangère, où le peuple indigné se leva pour défendre sa nationalité. A cette époque, l'Europe, trompée, subissant la volonté de ses maîtres, a cru que nous voulions l'envahir, et nous avons eu Waterloo !

« Aujourd'hui, nous lui répondons (sublime réponse !) en lui envoyant la liberté.

« Notre révolution s'est accomplie en trois jours, et son retentissement sera tel que l'Europe peut, dès aujourd'hui, se déclarer libre.

« Les deux rives du Rhin retentissent de l'appel aux armes de l'Allemagne, lasse d'un joug odieux.

« L'Autriche, ce pays de plaisirs que Metternich traitait comme une autre Venise, l'Autriche se réveille tout à coup et proclame son indépendance. Les autres pays suivront l'exemple que nous avons donné, et bientôt disparaîtra sous le souffle populaire la poussière des trônes où s'endormait l'oisiveté des rois.

« Nous avons le droit d'être fiers, je le répète ; car, à la défaite de Waterloo, nous n'avons plus à opposer qu'un cri de délivrance et de liberté.

« Salut à toi, arbre glorieux ! symbole de cette délivrance et de cette liberté !

« Salut à toi ! je le prédis avec bonheur : à cette place où il y a soixante ans on venait fraterniser au nom de la liberté, à cette place nous verrons bientôt se ranger autour de toi les députations du monde entier ! Autour de toi viendront se grouper, unis dans une commune étreinte et dans un commun amour, les membres si long-temps divisés de la grande famille humaine que la grande famille française aura associée à sa liberté et à son triomphe !

« Nous sommes forts aujourd'hui parce que nous nous appuyons sur la liberté, sur vous, travailleurs intelligents, qui avez fait la révolution et qui voulez qu'elle porte ses fruits ! (Applaudissements.)

« Maintenant, mes amis, retournons à nos travaux, et que nos voix confondues répètent ce cri qui a retenti au cœur du monde : *Vive la République !* »

Des applaudissements et des cris de *vive la République ! vive Ledru-Rollin !* se font entendre... Un invalide, vieux débris des armées républicaines, saisit la main du ministre et la porte à son cœur, sans pouvoir proférer une seule parole, tant son émotion est profonde.

Un officier de l'armée s'approche aussi du citoyen Ledru-Rollin, et c'est avec des larmes dans la voix et dans les yeux qu'il lui exprime la douleur éprouvée par les chefs et les soldats d'être éloignés de Paris. Il lui demande le rappel de l'armée.

Le citoyen Ledru-Rollin : « Amis, avant de vous quitter, je désire dire un mot qui devra trouver de l'écho. La vue de ce monument glorieux, de cette école militaire, me rappelle qu'on a manifesté des craintes sur la présence à Paris de quelques régiments...

« Je proteste de toutes mes forces contre des sentiments de méfiance indignes de la générosité française.

« Il n'est pas possible de scinder ainsi le peuple et l'armée.

« Le peuple, c'est l'armée; l'armée, c'est le peuple ! Qu'est-ce que l'armée? n'est-ce pas la portion du peuple la plus généreuse? le sang de notre sang ?

« Qui donc, dans ces temps de corruption et de honte que nous subissions naguère, conservait encore les traditions de l'honneur ?

« L'armée, l'armée seule !!! (Applaudissements.) N'est-ce pas elle qui représentait la vieille gloire de la France dans les plaines, dans les montagnes de l'Afrique !

« Sans elle, on aurait pu croire que la France était dégénérée !

« Sans elle, d'insolents rivaux auraient pu croire à l'impunité de l'outrage.

« Donc, gloire à l'armée !

« Oui, mes amis, gloire à elle ! car elle s'est rappelée

en Février qu'elle était peuple, et elle n'a pas voulu tirer sur le peuple !

« Vous avez vu comme moi ces soldats désolés qui nous faisaient voir qu'ils ne voulaient pas combattre des frères.

« Plus de soupçons, plus de défiances. D'ailleurs, que peuvent faire trois ou quatre régiments ! On croirait que vous pouvez avoir peur, vous si forts! vous si grands !

« Pour moi, mes amis, et c'est mon unique pensée, j'y songe tous les jours, je ne serai content, je ne serai heureux que lorsque j'aurai vu dans un grand banquet sur ce même champs de Mars, l'armée, la garde nationale et le peuple fraterniser.

« L'armée n'a pas besoin d'être amnistiée, elle est à vous, vous êtes à elle! Fraternité entière entre tous !...»

Des applaudissements énergiques se font entendre encore, et, après avoir porté un toast à l'*indépendance de la France et à la liberté*, le citoyen Ledru-Rollin s'est retiré, suivi d'une foule nombreuse et aux cris enthousiastes de *vive Ledru-Rollin! vive la République!*

BULLETIN DE RÉPUBLIQUE.   Nº 8.

MINISTÈRE DE L'INTÉRIEUR.

Paris, 28 mars 1848.

Citoyens,

Un gouvernement élu par le peuple doit répondre à la confiance du peuple, en lui disant sa pensée, en lui exprimant ses vœux. Toute autre manière d'administrer un pays comme la France serait coupable et insensée. Dieu merci, à l'heure qu'il est, elle serait impossible.

Les mandataires de la République parleront donc sans cesse de la République, des graves intérêts que le concours de tous doit satisfaire, des engagements sacrés que doivent contracter les députés chargés de la constitution nouvelle, des exigences fraternelles que les électeurs doivent exprimer à ces députés.

Ouvriers des villes et des manufactures, généreux enfants de la République, c'est vous qui formez la majorité des électeurs dans les vastes et nombreux foyers de l'industrie. Il importe que vous vous rendiez compte de vos souffrances, de vos droits et de vos justes prétentions. Faites-les connaître, parlez à vos candidats, parlez à la France ce laugage éloquent et simple de la vérité que la France n'a jamais entendu encore d'une manière offi-cielle. Le temps de la plainte est passé ; celui de la vengeance ne viendra plus jamais, parce que celui du droit règne dès aujourd'hui. La vengeance et la plainte sont le partage des opprimés. Vous êtes libres ! Tout ce que vous avez souffert, tout ce que vous ne devez plus souffrir, il faut le dire. La force donne le calme, et la notion de la justice est la plus précieuse conquête de l'homme qui a recouvré son droit.

Quand vous aurez dit ce que vous avez souffert, ce que vous ne devez plus souffrir, votre tâche ne sera pas encore remplie. Il faudra veiller à ce que tout ce qui est possible soit fait, veiller à ce que rien de possible ne soit omis, veiller encore à ce que rien d'impossible ne soit exigé. L'avenir est dans vos mains. Jamais encore l'humanité n'a eu à remplir une si belle et si grande mission. car il s'agira d'accomplir des réformes que l'humanité réclame en vain depuis des siècles. Celui qui n'examinerait pas avec une conscience austère et pure ce que la société lui doit, et ce qu'il doit à la société, ne serait pas à la hauteur de cette grande époque de l'histoire où nous entrons. Ne pas vouloir tout le bien que cette époque peut accomplir, serait un crime envers l'humanité. Vouloir plus que cette époque ne peut accomplir, ce serait vouloir le mal.

C'est pour cela que l'homme du peuple, cet homme nouveau qui vient de recevoir le baptême du droit politique, doit s'instruire de ses droits et de ses devoirs avec soin, avec religion, avec une âme dégagée de tout préjugé, comme de tout égoïsme.

Il importe que la classe la plus nombreuse et la plus utile, celle des travailleurs, révèle ses souffrances ; il importe pour qu'elle les révèle avec fruit, qu'elle les révèle avec noblesse, avec fermeté, avec la volonté solennelle de donner au monde un grand exemple de la dignité humaine reprenant la place qui lui était due. Il faut que le peuple ait la majesté qu'on croyait jadis être l'apanage des rois. La violence était celui des tyrans. Le peuple a prouvé que l'heure de son règne avait enfin sonné; car le peuple est calme, patient et ferme. Le peuple n'est pas un souverain absolu à la manière des rois. C'est la vérité qui seule est absolue. Les rois sont tombés pour n'avoir pas compris que Dieu était au-dessus d'eux. Le peuple ne tombera pas, parce qu'il puise sa force dans la loi divine.

Travailleurs, venez dire ce que vous avez souffert. L'humanité vous écoute, consternée de l'avoir permis, impatiente de ne plus le permettre. Venez dire que votre vie a été un martyre, que vous n'avez pas seulement manqué de pain, mais d'air vital, et de cette bienfaisante clarté du soleil qu'il semblait impossible à l'homme de refuser à l'homme. Le régime de l'industrie avait pourtant résolu ce monstrueux problème d'enfouir dans des usines infectes, dans des souterrains ténébreux, dans des cachots homicides, non seulement l'homme, mais la femme, mais l'enfant.... non pas le vieillard ! Dans certaines industries l'homme ne vieillit pas ! des statistiques exactes qu'il faudra bien qu'on fasse connaître (il était défendu naguère d'en parler, et les muettes archives de la mortalité étaient scellées pour le public); disons que dans certaines localités industrielles, la durée moyenne de la vie de l'enfant était de vingt-sept mois. Venez révéler ces horreurs au monde épouvanté ; venez dire que là vos enfants naissaient avec le principe d'une mort prochaine et inévitable, et que le berceau était un cercueil; venez dire qu'ailleurs vos filles, à peine développées, n'avaient pas de choix entre le suicide et la prostitution ; venez dire que les vieillards infirmes étaient abandonnés quand la mort vous frappait avant eux, et qu'on a vu des femmes étendues sur les pierres de la morgue avec le cadavre de leurs enfants enlacés à leur cadavre ; venez dire combien de fois les meilleurs et les plus forts d'entre vous ont lutté contre la pensée du suicide, la nuit, lorsque, dévorés par la faim, démoralisés par le froid qui ôte toute énergie au corps et à l'âme, ils contemplaient, dans une sinistre insomnie, la pâleur de leurs enfants agonisants sur la paille.

Que les moins malheureux d'entre vous racontent aussi les inquiétudes et les soucis dont ils ont été rongés lorsqu'une blessure, une maladie, leur faisait compter avec épouvante les jours sans travail ! Que les plus actifs et les plus robustes nous disent avec quelle fière et douloureuse impatience ils ont compté aussi les jours où le travail manquait à leurs bras! Que les mères nous disent quelles sombres pensées traversaient leur esprit, le jour où elles voyaient leurs filles devenues mères à leur tour! Dites-nous, enfin, ce que c'est que la misère, comme elle flétrit les joies les plus pures de la famille, comme elle change en terreur ou en désespoir tout ce qui fait l'orgueil et la confiance de l'homme! Dites-le bien, car le monde officiel ne l'a pas su, les monarchies nous ont fait un crime de le savoir et de le dire; et, pour l'avoir vivement senti, pour l'avoir vivement exprimé, plusieurs ont langui dans les prisons d'Etat, plusieurs y sont morts, beaucoup ont été persécutés, raillés, ruinés, calomniés, montrés au doigt comme des factieux ou des insensés.

Martyrs du travail, levez-vous et parlez! Dites comme on spéculait dans les hôpitaux sur les aliments et les remèdes qu'ordonnaient pour vous les médecins! Dites quels soins on prenait de votre corps et de votre âme! Dites comment la fraude était partout; quels poisons la spéculation mêlait au pain amer que vous mangiez, au vin où vous cherchiez un moment de courage et de force, et où vous trouviez l'ivresse, la fureur et l'anéantissement de toutes les facultés! Dites l'effroi que vous éprouviez en voyant grandir ces enfants que vous ne pouviez ni instruire, ni surveiller, ni confier à la société pour les protéger et les éclairer. Pour ceux qui montraient un caractère facile, vous redoutiez la dépravation qui mène à l'idiotisme; pour ces caractères ardents et généreux, l'indignation comprimée qui mène à la fureur, la fureur impuissante qui mène à la folie,

Ce que vous avez souffert, on aura peine à le croire. N'était-il pas défendu de le croire, sous peine de passer pour anarchiste, sous peine d'être puni comme provocateur à la haine entre les hommes!

Décrets monstrueux, et qui prouvent que, pour toute garantie au renversement des lois humaines, la monarchie n'avait pu trouver que la loi du silence. Condamnation vivante du système, cette loi préjugeait l'impossibilité de dire la vérité sans amener l'égorgement des hommes les uns par les autres.

Arrière ce silence des tombeaux, arrière ces lois de l'assassinat! La société vous doit désormais de sonder vos plaies et d'y porter remède. Elle vous doit de veiller à la conservation de votre vie, de votre santé, de votre intelligence, de votre dignité. Elle vous doit du travail, des aliments, de l'instruction, de l'honneur, de l'air, du jour ! Elle doit un asile à vos vieillards, de l'emploi à vos bras, de la confiance à vos cœurs, du repos à vos nuits. Elle doit veiller à la pudeur de vos filles, à l'avenir possible de vos enfants, aux funérailles de vos vieillards, car vous n'avez pas même de quoi assurer un coin de terre après la mort à ceux qui n'avaient pas une place au soleil durant la vie.

La société, vous allez y porter la main. Travailleurs, c'est un édifice que vous allez construire pour la postérité. Ne souffrez pas qu'il soit bâti pour quelques-uns seulement, tandis que l'humanité resterait à la porte, nue, affamée, avilie, désespérée.

—

Citoyens,

Il y a des hommes qui ne craignent pas de répéter que la République va couvrir la France d'échafauds, porter atteinte à la propriété, provoquer des guerres acharnées. Ces hommes sont des ignorants ou des mal-intentionnés. Les uns confondent les temps, les autres vous calomnient. Tous sont de dangereux ennemis de la paix publique, de la grandeur et de la paix nationales.

Ils invoquent, il est vrai, le souvenir de ce qui s'est passé il y a cinquante-cinq ans, lorsque la monarchie de Louis XVI a été renversée. Mais combien les époques sont différentes ! combien le pays a changé de face ! combien le retour des mêmes évènements est impossible !

Faut-il vous rappeler cette mémorable lutte dont quelques-uns de vous ont été les acteurs et les témoins! Vos anciens peuvent encore vous en raconter les héroïques phases; vous dire que la résistance obstinée des castes privilégiées a seule fait couler les larmes et le sang de la France. Propriétaires exclusifs du sol, exempts de l'impôt, accaparant toutes les faveurs, la noblesse et le clergé voulaient conserver un monarque absolu pour abriter derrière son despotisme leur inique domination.

Quand, éclairée par ses écrivains, la nation revendiqua l'égalité pour tous les citoyens, ces deux puissantes corporations prétendirent arrêter son essor. Elles compromirent la royauté en l'associant à leurs intrigues et à leurs conspirations.

Bientôt l'émigration commença. Plus attachés à leurs titres qu'à leur pays, les nobles et les prêtres coururent en foule à l'étranger, sollicitant l'intervention des rois voisins, et s'offrant eux-mêmes à déchirer de leurs mains impies le sein de la patrie menacée.

La guerre et les persécutions devaient être la conséquence inévitable de cette criminelle folie. Trompés par des rapports mensongers, les princes du nord crurent la France opprimée par une poignée de factieux; ils s'armèrent pour la réduire. Pendant que leurs bataillons s'avançaient vers nos frontières démantelées, les parents, les amis, les créatures des émigrés se préparaient dans l'ombre à ruiner par leurs trahisons le gouvernement républicain qui défendait la nationalité. Sous peine de périr, ce gouvernement devait déployer devant les ennemis de l'intérieur la même énergie que contre les hordes étrangères. De là cette crise solennelle, ce combat de géants engagé par un peuple enthousiaste contre l'Europe coalisée. Malgré la disette, la banqueroute, l'épuisement des arsenaux, quatorze armées semblent jaillir du sol; elles enveloppent d'un réseau de fer et de feu les téméraires assaillants qui s'étaient insolemment partagé la France. Mais, pour soutenir le courage de nos soldats, qui, sans pain, sans habits, sans souliers, triomphaient des efforts des cinq grandes puissances, il fallait anéantir les perfides menées d'une minorité factieuse. La guerre civile éclatait en Vendée, Lyon arborait le drapeau blanc, Toulon se vendait aux Anglais. Qui ne comprendra que dans cette situation suprême, voulant sauver le pays, le gouvernement républicain ait frappé sans pitié? Malheur à ceux dont l'existence est bouleversée par ces tourmentes ! Semblables aux commotions de la nature, aux orages qui dévastent vos champs, elles mettent en poussière tout ce qui contrarie leur dévorante impulsion. Mais aujourd'hui, qui pourrait faire entendre une parole accusatrice contre ceux dont le cœur n'a pas faibli dans ces périlleuses épreuves, dont le bras a été assez fort pour repousser l'agression de l'Europe et comprimer la contre-révolution ?

Nous serions des ingrats si nous l'osions, nous, les fils de ces nobles citoyens, nous qui recueillons les fruits de leurs sacrifices et de leur dévouement. C'est parce qu'ils ont courageusement accompli leur rude tâche que la nôtre est plus facile. Regardez en effet autour de vous : où sont les priviléges à détruire, les résistances à briser ? Partout le sol est nivelé sous nos pas; partout les volontés s'inclinent obéissantes; et telle est l'unanime impulsion de tous les sentiments, qu'on demande sans cesse au pouvoir une action vigoureuse et radicale. N'est-ce pas un véritable prodige qu'une monarchie, tombée en quelques heures, n'ait pas laissé dans ses ruines un seul débris qui s'agite ? Paris, vainqueur, a proclamé la République, et la France était si bien prête à cette transformation, que tout entière elle s'est levée pour saluer l'avènement glorieux de la liberté; toutes les mains se sont tendues à la fois, toutes les poitrines ont poussé la même acclamation; et dans ce pays, qu'on prétendait si divisé, il ne s'est pas trouvé une ville, une commune qui n'acceptât avec joie l'intronisation définitive de la souveraineté du peuple !

Où donc seraient les obstacles? Naîtront-ils du dehors ? Jetez donc les yeux sur l'Europe; partout où vous voyez un trône, vous entendez le bruit des combats. Attendez un peu, ce sera le chant de la victoire populaire. L'étoile des tyrans pâlit; vainement essayent-ils de se raffermir dans leurs palais ébranlés par le souffle de l'insurrection; vainement grimacent-ils des paroles d'affranchissement; ces mots suprêmes : *Il est trop tard*, retentissent à leurs oreilles et les frappent de vertige. A Vienne, à Berlin, à Munich, les sceptres volent en éclats aux cris de *vive la France!* Les rois seuls pouvaient être vos ennemis ; les peuples sont nos amis et nos frères. Encore un peu, fuyant la justice de Dieu et la légitime colère des nations, ceux qui s'appelaient les maîtres du monde iront finir leur vie dans l'oubli, et saintement unies par des relations pacifiques, toutes les grandes familles de l'Europe abjureront leurs rivalités et leurs haines; la guerre, ce redoutable fléau, aura fini avec les monarchies.

Si nous ne sommes menacés ni au dedans ni au dehors, nous n'aurons donc point à traverser cette ère de calamités qui a marqué l'établissement de la première République. N'ayant rien à craindre des conspirations, le Gouvernement pourra se montrer généreux en même temps que ferme, et, complètement maîtresse d'elle-même, la nation appliquera toutes ses forces à la réno-vation sociale qui équilibrera les richesses et fera dis-paraître la misère.

Toutefois, il est une faute qui pourrait nous perdre; ce serait la division. Si, au lieu de se rallier sans ar-rière-pensée à la République, quelques-uns d'entre nous choisissaient pour les représenter des hommes douteux, l'anarchie et la guerre civile pourraient sortir des dé-chirements de l'Assemblée nationale. Cette assemblée ne peut nous préserver de ce malheur qu'à la condition d'être composée d'éléments tout à fait républicains. Re-poussez donc les tièdes, les indifférents, les fauteurs d'intrigue. Choisissez les cœurs honnêtes et ardents, ceux qui aiment vraiment les peuples, ceux qui n'ont jamais pactisé avec les mensonges et la corruption du pouvoir déchu. Avec une assemblée ainsi formée, ne craignez rien de la République. Elle ne fera tomber au-cune tête; loin de là, elle relèvera des milliers d'exis-tences sacrifiées aux caprices et à l'égoïsme de la mo-narchie. Elle n'inquiètera aucun propriétaire, elle en créera, au contraire, un nombre considérable. Emanci-pant le travail, renouvelant l'agriculture, décuplant les richesses, elle augmentera le bien-être sans dépouiller personne.

C'est à nous, citoyens, qu'il appartient de réaliser cet avenir. Pour cela il suffit d'écarter toute vaine frayeur; sachons être libres, et nous serons heureux et puis-sants. Ne nous arrêtons point au fantôme d'un passé dont le retour est impossible, et, solidement fondée par notre union, la République se vengera, par ses bienfaits, de ses ennemis et de ses calomniateurs.

BULLETIN DE LA RÉPUBLIQUE. N° 9.

MINISTÈRE DE L'INTÉRIEUR.

Paris, 30 mars 1848.

Citoyens,

Le jour approche où vous serez appelés à choisir vos représentants à l'Assemblée nationale. Vous allez enfin jouir, comme citoyens, de la plénitude de vos droits; c'est à vous de montrer à tous que vous avez l'intelligence de vos devoirs.

Assez et trop long-temps les ennemis du peuple ont soutenu qu'il n'y avait en vous ni assez de lumières, ni assez de dévouement pour qu'on vous fît votre part dans les fonctions électorales. Enfants déshérités de la famille, on étouffait votre voix et on niait votre pensée. Que votre voix s'élève donc aujourd'hui, et que votre pensée se manifeste. La République, qui n'exclut aucun de ses fils, vous appelle tous à la vie politique; c'est pour vous comme une naissance nouvelle, un baptême, une régénération.

Ce n'est sans doute aussi qu'un acte de justice, et vous devrez l'accepter ainsi; mais pour nous, c'est aussi le glorieux triomphe de nos luttes acharnées.

Depuis combien de temps protestons-nous contre votre exclusion! Depuis combien de temps demandons-nous qu'on vous fasse place dans nos forums, dans nos assemblées, à notre tribune! Votre présence aujourd'hui, votre participation à nos travaux, votre intervention dans nos actes fait notre joie, parce que vous le méritez, fait notre orgueil, parce que nos efforts y sont pour quelque chose. Le droit était pour vous; mais il a fallu nos combats et nos souffrances pour faire prévaloir le droit. La victoire est pour vous une justice, pour nous une récompense.

Aussi n'avions-nous pas la crainte de nous voir démentir par vous, lorsque nous nous engagions en votre nom, lorsque nous promettions à tous que vous sauriez user de vos droits pour le bonheur de tous, pour le bien et la gloire du pays. Pour défendre votre sainte cause, nous avons épuisé tous les arguments de la logique et de la raison; le dernier argument de tous, le plus solide et le plus convaincant, sera l'emploi que vous aurez fait de la puissance qui vous est remise. Que la confiance que nous avions en vous soit pleinement justifiée! Que les sinistres prédictions de vos ennemis ne le soient jamais!

Il est difficile, sans doute, pour qui se trouve tout à coup investi de droits considérables, il est difficile d'en user avec toute la sagesse que comporte une longue expérience, et l'on ne saurait vous accuser quand même, dans la précipitation de vos choix, il y aurait quelques erreurs ou quelques mécomptes. Mais vous ne courrez pas risque de vous tromper beaucoup, si vous consultez religieusement les impressions de votre conscience.

Soyez vrais, soyez courageux, et vous déjouerez les calculs de vos ennemis. Méfiez-vous des intrigants, ils seront nombreux; ils sont actifs dans ces premiers moments de rénovation; ils sont d'autant plus à craindre qu'ils parlent avec facilité le langage du jour. Consultez plutôt la conduite de ces hommes que leurs paroles; étudiez leur passé, et apprenez surtout à redouter les exagérations d'un zèle de fraîche date. Les hommes sincères ne sont pas violents, et le dévouement, pour se produire, n'a pas besoin de grands mots et de tapageuses manifestations.

Gardez-vous aussi des influences de localité. Les députés doivent être les représentants de la France et non d'une ville ou d'une bourgade; ils doivent résumer en eux la pensée de la nation et non les préjugés et les appétits de quelques individualités. Vous entendrez parler autour de vous de l'autorité croissante de Paris, de son despotisme même; vous entendrez de faux esprits déclamer contre la centralisation. Fermez vos oreilles à de pareils discours; repoussez les discoureurs, ce sont vos ennemis les plus dangereux; ce sont les plus perfides de vos conseillers. La force de la France est dans son unité, dans la communauté de ses pensées et de ses impulsions.

Sans doute, Paris n'est pas la France, mais c'est le cœur de la France, le centre de sa vie politique, le foyer de ses lumières. Imposez donc silence aux mesquines rivalités, aux basses passions qui parlent le langage de l'indépendance, afin d'égarer les cœurs généreux, et sachez bien que ceux qui prétendent vous isoler pour vous rendre plus grands, vous trompent sciemment et travaillent à affaiblir la République en la divisant,

Citoyens, votre mission est belle; le sort de la République est entre vos mains, et les amis de la République s'en félicitent. La monarchie n'a pas osé se confier en vous, et elle est tombée pour ne jamais se relever. La République vous remet son avenir et ses destinées, et elle est désormais assurée de n'avoir rien à redouter, ni de ses ennemis, ni du temps.

BULLETIN DE LA RÉPUBLIQUE. N° 10.

MINISTÈRE DE L'INTÉRIEUR.

Paris, 1er avril 1848.

Citoyens,

Les esprits sérieux ont beaucoup discuté, dans ces dernières années, sur une question qui est restée comme bien d'autres sans solution, la question du droit public. L'ergotage des ennemis de la République réveille de toutes parts ce problème, et comme on l'a traité jusqu'ici d'une manière assez abstraite, comme on l'exploite aujourd'hui d'une manière assez perfide, il est utile que le peuple l'examine et le résolve. C'est à tort qu'on le croirait incapable d'étudier des questions de cette nature. On peut les lui soumettre en peu de mots, et son devoir est de connaître la source et la nature de son droit.

Le temps est passé où des hommes venaient, au nom du principe d'hérédité, prendre possession des destinées d'un peuple et dire insolemment à la face du monde : « Dormez tranquilles, je veille; l'Etat, c'est moi.» Quand même les rois auraient veillé, quand même ils auraient représenté l'Etat par leur grandeur et leur vertu personnelle, les rois ne seraient plus rien en France aujourd'hui. Le préjugé qui les supposait capables est détruit avec le principe qui les rendait sacrés. Ces choses ont fait leur temps. L'opportunité remplaça l'hérédité pour le dernier des rois de France : aussi la royauté était-elle incompatible avec son prétendu mandat constitutionnel. Cette inconséquence d'un *fonctionnaire* devenu *maître* a fait son temps aussi. La France n'aura plus de maîtres. Le pouvoir n'aura plus de sujets.

De nouveaux rapports vont donc s'établir entre ce

qu'on a appelé jusqu'ici les gouvernants et les gouvernés. Il importe que les droits et les devoirs soient définis d'une manière nette et loyale. Toutes les discussions que ces nouvelles idées soulèvent manqueront de fond et prendront du temps en pure perte, si on n'examine pas avant tout le principe qui leur sert de base.

Existe-t-il encore un principe d'autorité *légitime?* On a tant abusé de ce mot *légitimité,* le titre de *légitimiste* a trouvé, dans ces derniers temps, une application si étrange, qu'il importe de savoir, une fois pour toutes, où est le droit public.

Non seulement le droit public existe, mais encore le droit divin. Dieu veille sur les destins de l'humanité. Il a conféré le droit divin à tout homme venant dans le monde; mais aucun homme ne doit et ne peut exercer isolément le droit divin. La royauté est une idolâtrie. Le droit divin est dans l'humanité collective, il est dans la société qui consacre les droits et qui trace les devoirs de tous.

Mais l'humanité est soumise à la loi du progrès, et les sociétés qui ne tiennent pas compte de cette loi ne représentent pas le droit divin. Le jour où elles restent en arrière du progrès, leur droit n'existe plus. Elles le sentent parce qu'elle ne peuvent plus fonctionner. Elles se brisent d'elles-mêmes pour se reconstituer.

C'est alors qu'il faut les reconstruire, et, dans ce moment de travail et d'attente où la société se reforme sur de nouvelles bases, où est le droit divin, où est le principe de légitimité, où est l'autorité souveraine?

Y a-t-il suppression? Autant vaudrait dire qu'à de certains moments Dieu cesse d'être, et qu'il y a, dans l'histoire, des heures d'anarchie où l'humanité ne compte plus. Certaine politique admettrait volontiers ce principe pour déclarer non avenu le travail de reconstruction qui s'opère; mais ce principe est absurde. Niez le mouvement de l'univers, niez les lois éternelles de la vie; pendant que vous dormez, la terre n'en accomplit pas moins cette évolution régulière qui présente alternativement chacune de ses faces à la lumière du soleil.

Quel est donc le souverain temporaire dont le pouvoir légitime préside à la recomposition de l'ordre social?

Cherchez tant que vous voudrez, inventez tout ce qui vous plaira, vous ne le trouverez pas ailleurs que dans le peuple.

Mais le peuple n'est pas infaillible, dites-vous. Il n'est pas Dieu. Il peut se tromper et faire une société aussi mauvaise que l'ancienne.

Dire : l'homme se trompe souvent, le peuple peut se tromper, qu'est-ce que cela prouve ? qu'il peut faire un mauvais usage de son droit : cela ne prouve absolument rien contre son droit.

Direz-vous encore que vous ne voulez pas, en tant qu'individu, subir l'abus du droit des masses ? Dites alors que vous ne voulez subir ni la maladie, ni la fatigue, ni le sommeil; dites que vous ne voulez pas être homme.

Des philosophes éminents ont nié le droit public en niant le principe politique qui place désormais le pouvoir dans la majorité. Ils se sont trompés, et maintenant de mauvais esprits exploitent cette erreur et dénaturent à dessein les raisonnements des philosophes, afin de pouvoir nier le droit populaire.

Voici comment ils posent la question : 50 personnes ont-elles plus raison que 49 ? Une de plus fait-elle que le mal se change en bien ?

Certainement, il n'y a rien à répondre en faveur de la majorité à une question ainsi posée. 49 personnes qui ont raison peuvent être froissées et sacrifiées par 50 personnes qui se trompent. Une voix de plus ne dispose pas de la vérité.

Il peut arriver pire encore : 100,000 personnes peuvent se tromper et réduire au silence une seule personne qui ne se trompe pas. Accordé. Passons outre, c'est-à-dire déplaçons la question.

Toute question posée à faux peut donner tort à la vérité même.

La vérité existe-t-elle ?

Qui oserait le nier ? Celui-là serait l'ennemi de la vérité.

Les hommes sont-ils faits pour la comprendre ?

Celui qui en douterait serait l'ennemi des hommes.

L'histoire de l'humanité nous montre-t-elle la vérité reléguée dans la conscience d'un petit nombre d'hommes, l'erreur et le mal régnant sur le monde officiel ?

Oui, et de plus en plus, à mesure qu'on remonte dans l'histoire du passé.

Mais le progrès est-il une chimère? Si vous le croyez, retirez-vous du commerce des hommes. On ne brûle pas les incrédules, la croyance est libre; mais leur châtiment, c'est d'être inutiles en ce monde et de ne pouvoir rien féconder.

Si le progrès existe, s'il est la première de toutes les lois divines et humaines, ne voyez-vous pas que fatalement, forcément, la vérité doit être de plus en plus avec les hommes, avec le plus grand nombre des hommes, et qu'elle doit donner au principe de majorité une sanction absolue dans l'avenir?

Savez-vous bien que, dans l'avenir, dans un avenir que les lois fondamentales d'une vraie république doivent rendre prochain, il n'y aura ni majorité, ni minorité dans les conseils des hommes? Savez-vous bien qu'il est impossible qu'un jour ne vienne pas où la vérité ne trouvera plus une voix qui s'élève contre elle?

« Nous n'y sommes point encore, direz-vous, et vous allez peut-être faire une triste expérience du pouvoir des majorités. Le libre vote de tous les citoyens va vous donner peut-être une représentation nationale qui protégera, à la majorité des voix, les intérêts exclusifs de la majorité des citoyens. »

Oui, cela peut arriver malgré tous les efforts pour éclairer la majorité des citoyens. Mais sans nous arrêter à vous dire que les citoyens en possession d'un droit tout nouveau seraient excusables de n'en pas connaître d'emblée l'étendue et l'usage, nous vous répondrons qu'il est des heures dans la vie des peuples où ce serait un crime social que de profiter de l'erreur des majorités pour les tromper et les immoler. Le droit reste droit, malgré l'inertie comme malgré l'exagération de ceux qui l'exercent. Nul n'a pouvoir de retirer le droit pour châtier le mauvais usage du droit. Autant vaudrait dire à l'enfant: « Tu as trop mangé, tu as choisi une mauvaise nourriture, et tu ne mangeras plus. »

Heureusement que, pour répondre aux sophismes, la vérité plane librement, à l'heure qu'il est, sur la France. Si le sophisme égare le peuple, ce ne sera que pour un instant, et le peuple ne laissera pas consommer la confiscation de son droit, quand même il se serait blessé lui-même en touchant pour la première fos à cet instrument redoutable.

La preuve que la vérité est avec le grand nombre aujourd'hui, c'est que tout ce qui a été fait par les masses a été sublime, héroïque et pur. C'est que les individus isolés ont encore de la peine à comprendre ce qui s'est passé tandis que les masses ont pensé, deviné, créé, prophétisé la vérité éternelle sur la place publique et aux carrefours des rues. Que se passait-il dans les salons durant ces grandes journées? on tremblait ou on intriguait. La vertu était sur le pavé, elle était dehors, coulant à grands flots, élevant vers le ciel une voix formidable, et proclamant sa propre royauté sur ce réseau de barricades, œuvre de la multitude! Si cette royauté était une usurpation criminelle, pourquoi donc, parmi tous ceux qui protestent aujourd'hui, ne s'en est-il pas trouvé un seul qui ait songé à se faire tuer pour défendre le principe contraire? Un principe vaut bien la peine qu'on s'expose à perdre la vie. Le peuple en jugeait ainsi, puisqu'il s'immolait pour sa propre cause. Le peuple croyait donc combattre pour la vérité; et, en effet, la vérité faisait avec lui et pour lui des miracles, tandis que vous autres, apôtres de l'individualisme, vous vous vous cachiez, n'espérant rien de la Providence!

Le peuple sera toujours la majorité, et le temps où la majorité était condamnée à se tromper d'une manière durable est passé sans retour. Si la majorité s'égare, elle n'en est pas moins le souverain légitime des temps où nous vivons, puisqu'elle est irrésistiblement emportée par la loi du progrès dans la voie où l'appelle la vérité.

L'opinion de la majorité, on peut bien la dire, parce qu'on la sait, parce qu'elle ne se cache pas, parce qu'on peut jurer devant Dieu qu'en ce moment de l'histoire elle est la voix de la vérité. Et cette opinion la voici : C'est qu'il vient d'être versé en France et dans toute l'Europe des flots de sang pour le salut de la plus nombreuse portion du genre humain, et qu'il ne faut pas que ce sang généreux ait été répandu pour le triomphe d'une minorité.

Egarez maintenant tant que vous voudrez, et servez-vous des apparences de la légalité même pour couvrir de perfides desseins; vous ne détruirez pas cette grande majorité d'opinion, parce qu'elle proclame une grande vérité, une vérité divine!

BULLETIN DE LA RÉPUBLIQUE. Nᵒ 11.

MINISTÈRE DE L'INTÉRIEUR.

Paris, 4 avril 1848.

Citoyens,

Sous les monarchies qui se sont succédé en France, l'impôt des droits de circulation et de détail sur les boissons, connu sous le nom d'*exercice*, était de tous les impôts celui qui pesait le plus fatalement sur tout le monde, propriétaires, commerçants et consommateurs. Il était onéreux, vexatoire, injuste, odieux, et se présentait trop souvent sous une forme injurieuse et attentatoire à la dignité des citoyens. Le Gouvernement provisoire a dignement inauguré l'ère republicaine en délivrant le pays de cet impôt. Son décret, que nous donnons ci-dessous, sera donc accueilli comme un véritable bienfait par les habitants des villes et principalement par les habitants des campagnes. Il prouvera à tous que le Gouvernement provisoire s'occupe très sincèrement, très sérieusement des améliorations à apporter au sort et aux souffrances des travailleurs; enfin qu'il a à cœur de faire sortir la France des embarras financiers dans lesquels l'a placée une monarchie cupide et imprévoyante.

BULLETIN DE LA RÉPUBLIQUE. Nᵒ 12.

MINISTÈRE DE L'INTÉRIEUR.

Paris, 6 avril 1848.

Citoyens,

Au moment d'examiner les plus grands principes de la justice et de l'humanité, au moment de trouver à ces principes une formule nouvelle dans une constitution vaste, généreuse, ouverte au progrès, il importe que vous pesiez avec attention dans votre raison, dans votre conscience et dans votre cœur, les injustices dont tous les membres de la famille humaine sont victimes depuis tant de siècles.

Le peuple a souffert; l'homme n'a pas suffi à une tâche au-dessus de ses forces, celle de nourrir, d'abriter, de vêtir, de protéger et d'instruire sa famille. Cette tâche, lorsque la famille est nombreuse, lorsque la société la laisse peser tout entière sur l'individu, est trop lourde pour le prolétaire. Il faut absolument que la société républicaine vienne efficacement au secours du vieillard usé par le travail sans relâche, de la femme privée de travail suffisant, de l'enfant sacrifié au travail prématuré; c'est par là seulement que le père de famille ne sera point accablé par un travail excessif.

La question des salaires n'est qu'un palliatif momentané; la question de vie ou de mort de l'ouvrier est plus étendue et réclame des secours de plusieurs natures.

Si la question du salaire résume toutes les autres dans le moment où nous sommes, c'est parce que chaque chef de famille est isolément responsable de toute la famille: lorsqu'il sera décrété par vous que l'Etat est aussi responsable que l'individu, vous aviserez aux besoins physiques et moraux de vos pères, de vos mères, de vos femmes, de vos sœurs, de vos fils et de vos filles.

Chacun de ces membres de votre famille réclame des soins particuliers, et le sort des femmes est celui qui a jusqu'ici le moins occupé l'attention des législateurs. La législature du peuple doit être grande comme ses besoins inassouvis, comme ses aspirations ardentes. Ce n'est pas le peuple oublié et méconnu si long-temps qui oubliera et méconnaîtra une seule souffrance dans l'humanité.

La femme a nécessairement subi la plus lourde part de cette oppression accablante que la misère exerce sur l'âme et sur le corps. Condamnée par la nature à la douleur physique, au travail terrible et sacré de la maternité, c'est elle particulièrement que la société eût dû entourer d'une protection digne de ses fonctions augustes. Notre première République eut l'instinct et le sentiment d'un respect patriotique pour les femmes. L'héroïne populaire fut alors un type que l'on ne songea point à tourner en ridicule Ce sont les classes privilégiées qui ont toujours raillé et dédaigné le courage et le dévouement de la femme. L'homme du peuple sait bien que quand il est frappé dans le combat, son enfant et sa femme restent sur la barricade jusqu'à ce que sa mort soit vengée.

Dans ces derniers temps, plusieurs femmes, encouragées par l'esprit de secte, ont élevé la voix pour ré-

clamer, au nom de l'intelligence, les priviléges de l'intelligence. La question était mal posée. En admettant que
la société eût beaucoup gagné à l'admission de quelques
capacités du sexe dans l'administration des affaires publiques, la masse des femmes pauvres et privées d'éducation n'y eût rien gagné. Ces réclamations personnelles
n'ont point ému la société. La société qui va se reconstruire sera émue profondément des pétitions simples et
touchantes qui se formuleront au nom du sexe entier, et
qui auront pour but de détruire le manque d'instruction, l'abandon, la dépravation, la misère, qui pèsent
sur la femme, en général, encore plus que sur l'homme.

Nous ne craignons pas de le dire, les tentatives de la
femme libre dans le saint-simonisme ont eu un caractère aristocratique. L'homme n'étant pas libre, comment
la femme pouvait-elle sagement aspirer à l'être plus
que lui? — Aujourd'hui la question doit changer de
face. L'homme est en train de s'affranchir du joug de
l'ignorance et de la misère. Il ne s'agit plus d'ouvrir un
temple à quelques élus d'une théocratie déguisée. Il
s'agit d'ouvrir un monde à tous les êtres qui composent
l'humanité; qu'ils soient hommes ou femmes, ils doivent
échapper à l'esclavage de la misère et de l'ignorance.

C'est maintenant ou jamais que les femmes instruites,
qui pretendent au titre de *bons citoyens*, doivent oublier leur personnalité; et si elles veulent prouver leur
mérite, c'est en faisant abnégation d'elles-mêmes pour
ne s'occuper que des pauvres femmes et des pauvres
filles du peuple.

Il est affreux, il fait horreur à Dieu et honte à l'humanité, le sort de là malheureuse enfant qui voit sa mère
abandonnée ou son père infirme, ses frères et ses sœurs
mourant de faim. Elle ignore le mal, elle voudrait travailler pour nourrir et sauver ceux qu'elle aime; elle
cherche de l'ouvrage; peu de travaux sont à sa portée,
et ceux dont elle peut se charger sont souvent confiés à
des hommes. Il a été démontré, prouvé par des chif-
fres, que les travaux confiés au plus grand nombre des
femmes ont une rétribution tellement dérisoire qu'il
leur est matériellement impossible d'en vivre personnel-
lement. Qu'est-ce donc quand une fille dévouée, une
femme généreuse, une mère désespérée ont à partager
l'obole de chaque jour avec une famille sans ressources?

Mais quoi! la société ne leur offre-t-elle aucun moyen d'échapper au suicide? Aucun autre que la prostitution. Le vice est là qui invite le désespoir et qui se fait une arme des instincts les plus sacrés de la femme. Le vice ne fait pas l'aumône, il la vend; il ne donne pas, il achète. La virginité est un objet de trafic coté à la bourse de l'infamie. On l'a vu trop souvent, c'est le dévouement enthousiaste de l'enfant qui a sauvé sa famille au prix d'une flétrissure indélébile. De saintes filles ont marché, les yeux fermés, à ce martyre, abandonnant leur corps à l'outrage et recommandant leur âme à un Dieu vengeur.

Et quand ce n'est pas l'excès de la misère qui précipite la fille du pauvre dans cet abîme, ce sont des tentations puissantes dont la société devrait être également responsable. La femme a des instincts particuliers dont la société n'a jamais tenu aucun compte. Ce désir de plaire, qui n'est autre chose que le besoin d'être aimée, et qui prouve que la femme vit exclusivement par le cœur, devient une passion funeste quand il ne trouve pas ses aliments légitimes. La misère enlaidit la femme plus vite que l'homme. Les haillons se poétisent encore sur la mâle stature de l'ouvrier; ils effacent la beauté de la femme, et la femme met son orgueil à être élégante quand elle le peut, comme l'ouvrier met sa fierté à être propre le dimanche; l'amour de l'élégance, qui est un charme et presque un mérite chez la femme aisée, devient donc nécessairement un crime chez la femme pauvre, et c'est par là que beaucoup succombent.

Pour que l'instinct de la femme s'élevât au-dessus de cette passion comprimée, il faudrait qu'elle trouvât, dans la société, de deux choses l'une : ou le moyen de satisfaire modestement ses goûts, ou une éducation forte et sérieuse qui l'élevât au-dessus de toutes les faiblesses de la nature. La société ne donne ni la satisfaction, ni le préservatif. La femme est abandonnée à elle-même et livrée sans défense à la tentation.

Et puis, la police monarchique, qui n'avait point à s'occuper des turpitudes du riche, si ce n'est pour l'empêcher de se compromettre par trop d'éclat, s'occupait des spéculations dirigées contre l'honneur du pauvre, en ce sens que sa surveillance était une protection accordée au crime. La corruption était patentée. Aussitôt qu'une pauvre enfant du peuple concevait l'idée de cette affreuse ressource, il se trouvait à chaque coin de rue, il sortait de dessous chaque pavé un être immonde qui lui versait au cœur le poison de l'infamie.

Et qu'eût-on pu alléguer pour détruire l'effet de ce souffle maudit sur de jeunes âmes? Sans doute, il y a, il y aura encore de mauvais instincts, de coupables entraînements dans l'âme humaine; mais quand la société ne manque pas à son rôle, la vertu devient possible et le vice n'a pas d'excuse. Que dire d'une société où le vice est tellement inévitable qu'une femme honnête et bonne n'est pas en droit d'adresser un reproche à une malheureuse prostituée? Que penser d'un état de choses où la pratique des plus simples devoirs, le respect de soi-même, la décence, le soin de la santé, deviennent, dans de certaines conditions, des vertus de luxe qu'on *n'a pas le moyen d'avoir?*

Honte et désolation! Pauvres femmes, fleurs flétries avant d'éclore, martyres d'une civilisation menteuse et d'une société impie! lamentez-vous comme les filles de Sion, car il n'y aura pas assez de larmes pour laver les affronts que vous avez subis. Mères infortunées qui avez vu vos enfants, pâles et sombres, rentrer le soir, après l'heure, et tomber dans vos bras avec le frisson convulsif de l'horreur et de l'épouvante! parlez à vos époux, à vos frères, à vos fils. C'est une grande prédication que celle de l'*affranchissement* sérieux et moralisateur de la femme. C'est vous qu'elle concerne, et il n'est pas besoin de bouches éloquentes qui se fassent vos interprètes. Vous serez toutes de grands orateurs au foyer domestique, et il n'est point d'hommes dont les entrailles ne s'émeuvent au récit de vos poignantes douleurs.

BULLETIN DE RÉPUBLIQUE.　　N° 13.

MINISTÈRE DE L'INTÉRIEUR.

Paris, 8 avril 1848.

Citoyen commissaire,

Nous touchons aux élections : encore quelques jours, et le peuple français, tout entier, usant de sa souveraineté si glorieusement reconquise, proclamera les noms de ses mandataires. A la veille de ce grand acte de sa toute-puissance, il est utile que le gouvernement né de la révolution, chargé de conserver intacte et pure la victoire populaire, expose une dernière fois sa pensée à ceux qui le représentent et le défendent sur toute la surface de la République.

Déjà je vous l'ai dit : des élections dépend l'avenir du pays. Sincèrement républicaines, elles lui ouvrent une ère brillante de progrès et de paix ; réactionnaires ou même douteuses, elles le condamnent à de terribles déchirements. Votre constant effort a donc été, doit être encore d'envoyer à l'Assemblée nationale des hommes honnêtes, courageux et dévoués, jusqu'à la mort à la cause du peuple.

Mais ici se présente une question que les partis ont dénaturée, et sur laquelle il convient de s'expliquer sans faiblesse et sans réticence. Le temps des ruses et des fictions est passé : nous sommes assez forts pour être vrais.

Le Gouvernement doit-il agir sur les élections, ou se borner à en surveiller la régularité ?

Je n'hésite pas à répondre que, sous peine d'abdiquer ou même de trahir, le Gouvernement ne peut se réduire à enregistrer des procès-verbaux et à compter des voix ; il doit éclairer la France et travailler ouvertement à déjouer les intrigues de la contre-révolution si, par impossible, elle ose relever la tête.

Est-ce à dire que nous imitions les fautes de ceux que nous avons combattus et renversés ? loin de là. Ils dominaient par la corruption et le mensonge, nous voulons faire triompher la vérité ; ils caressaient l'égoïsme, nous faisons appel aux sentiments généreux ; ils étouffaient l'indépendance, nous lui rendons un libre essor ; ils achetaient les consciences, nous les affranchissons. Qu'y a-t-il de commun entre eux et nous ?

Mais c'est précisément parce que leurs odieuses pratiques ont profondément altéré les mœurs des classes officielles, qu'il est nécessaire de parler haut et ferme, et de détruire les semences d'erreur et de calomnie répandues par eux si long-temps.

Quoi ! nous sommes libres d'hier, il y a quelques semaines encore nous subissions une loi qui nous ordonnait avec amende et prison de n'adorer, de ne servir, de ne nommer que la monarchie; la République était partout représentée comme un symbole de spoliation, de pillage, de meurtres, et nous n'aurions pas le droit d'avertir la nation qu'on l'avait égarée? nous n'aurions pas le droit de nous mettre perpétuellement en communication avec elle pour lui ouvrir les yeux? Hommes publics sans prévoyance et sans foi politique, nous laisserions insulter notre drapeau! nous nous exposerions à l'ensanglanter dans une guerre civile pour n'avoir pas osé le déployer librement!

Non, nous ne méconnaîtrons pas à ce point notre devoir. Apôtres de la révolution, nous la défendrons par nos actes, nos paroles, nos enseignements. Vigilants et résolus contre ses ennemis, nous lui conquerrons des partisans en la faisant connaître. Ceux-là seuls qui ne la comprennent pas peuvent la redouter.

Ces principes, citoyen commissaire, tracent la ligne de votre conduite. S'il vous était possible de vous multiplier, d'être partout à la fois, de mettre à chaque heure votre pensée en contact avec la pensée publique, vous ne feriez rien de trop. Digne missionnaire des idées nouvelles auxquelles le monde appartient, vous prépareriez leur pacifique avènement. Ce qu'il y a de praticable dans cette laborieuse tâche doit être accompli par vous, par vos amis, par vos écrits, par vos discours : répandez la lumière à flots. Qu'à tous les yeux brille dans son éclat majestueux la grande et noble figure de la République régénérant l'humanité par sa puissance morale, effaçant les distinctions de classes, appelant tous les citoyens à la réalisation politique du dogme de la fraternité, dégageant le travail et l'intelligence des entraves qui l'étouffent, faisant enfin de notre admirable France la plus libre, la plus heureuse, la plus forte des nations!

Ainsi s'exercera votre influence : l'intimidation et la violence provoquent les révoltes; la corruption dégrade et ruine le pouvoir, l'enseignement viril est la seule arme dont puissent se servir les chefs révolutionnaires du peuple : elle leur suffit pour triompher de toutes les résistances.

Mais afin que cet enseignement soit fécond, puisez vos inspirations aux sources vraiment populaires; que partout des réunions soient organisées. Que chacun, même le plus humble, soit mis en demeure d'y produire sa pensée. Dieu, qui seul a connu si long-temps les misères du peuple, seul aussi connaît les trésors de bon sens et de moralité que recèlent les masses; brisez la couche épaisse qui les enfouit encore.

Ainsi profondément et pacifiquement remué, le pays, malgré le peu de temps qui lui a été laissé pour se recueillir et se reconnaître, pourra distinguer ceux qui méritent l'insigne honneur de le représenter. Dans toutes les occasions où vous serez appelé à le guider, pénétrez-vous de cette vérité que nous marchons vers l'anarchie si les portes de l'Assemblée sont ouvertes à des hommes d'une moralité et d'un républicanisme équivoques.

Ceux qui ont accepté l'ancienne dynastie et ses trahisons, ceux qui limitaient leurs espérances à d'insignifiantes réformes électorales, ceux qui prétendaient venger les mânes des héros de Février en courbant le front glorieux de la France sous la main d'un enfant, ceux-là peuvent-ils être élus du peuple victorieux et souverain, les instruments de la révolution?

Votre conscience a répondu : Quelle confiance peuvent-ils inspirer ceux dont le cœur ne s'est point ouvert aux souffrances du peuple, et dont l'esprit a si long-temps méconnu ses droits et ses besoins?

Ne regarderaient-ils pas eux-mêmes comme un défi à la révolution que des hommes qui ont attaqué, calomnié la révolution, devinssent aujourd'hui les organisateurs de la constitution républicaine?

Eh bien! puisque le choc impétueux des évènements leur a subitement dessillé les yeux, soit! Qu'ils entrent dans nos rangs, mais qu'ils n'aspirent ni à nous commander ni à nous conduire. Qu'ils marchent à l'ombre du drapeau du peuple, mais qu'ils ne songent pas à le porter. A la moindre secousse, leur âme se troublerait, et, revenant malgré eux aux engagements de leur vie entière, ils affaibliraient la représentation nationale de toutes les incertitudes, de toutes les transactions familières aux opinions chancelantes et aux dévouements d'apparat.

Que le peuple s'en défie donc et les repousse. Mieux vaudrait des adversaires déclarés que ces amis douteux.

Citoyen commissaire, ce qui fait la grandeur du mandat de représentant, c'est qu'il investit celui qui en est revêtu du pouvoir souverain d'interpréter et de traduire l'intérêt et la volonté de tous.

Or, celui-là seul en usera dignement, qui ne reculera devant aucune des conséquences du triple dogme de la liberté, de l'égalité, de la fraternité.

La liberté, c'est l'exercice de toutes les facultés que nous tenons de la nature, gouvernées par notre raison.

L'égalité, c'est la participation de tous les citoyens aux avantages sociaux, sans autre distinction que celle de la vertu et du talent.

La fraternité, c'est la loi d'amour unissant les hommes, et de tous faisant les membres d'une même famille.

De là découlent : l'abolition de tout privilége, la répartition de l'impôt en raison de la fortune, un droit proportionnel et progressif sur les successions, une magistrature librement élue et le plus complet développement de l'institution du jury, le service militaire pesant également sur tous, une éducation gratuite et égale pour tous, l'instrument du travail assuré à tous, la reconstitution démocratique de l'industrie et du crédit, l'association volontaire partout substituée aux impulsions désordonnées de l'égoïsme.

Quiconque n'est pas décidé à sacrifier son repos, son avenir, sa vie au triomphe de ces idées, quiconque ne sent pas que la société ancienne a péri et qu'il faut en édifier une nouvelle, ne serait qu'un député tiède et dangereux. Son influence compromettrait la paix de la France.

J'ose croire, citoyen commissaire, que ces pensées sont les vôtres, et qu'elles trouveront en vous un interprète sûr et dévoué. Laissez-moi vous dire que vous ajouterez à l'autorité morale des résolutions qu'elles vous inspireront en donnant l'exemple de l'abnégation personnelle et de la réserve dans la recherche des suffrages. Ce serait bien mal comprendre, ce serait abaisser votre mission que de la consacrer à faire réussir votre candidature. Votre dignité en souffrirait autant que le pouvoir de la République. Si vos concitoyens viennent à vous, acceptez leur mandat comme la plus noble récompense de vos travaux; mais gardez-vous de solliciter ce qui cesserait d'avoir du prix le jour où on pourrait soupçonner que le commissaire a fait le député. Le Gouvernement vous tiendra compte du soin avec lequel vous vous conformerez à cette partie de ses instructions. N'oubliez pas que nous nous devons tous au pays qui attend de nous de grandes choses, et que l'heure est venue d'élever notre âme au-dessus de toutes les préoccupations de l'intérêt privé.

—

BULLETIN DE LA RÉPUBLIQUE. N° 14.

MINISTÈRE DE L'INTÉRIEUR.

Paris, 11 avril 1849.

Citoyens,

Le Gouvernement provisoire ne cesse de veiller sur vos intérêts, et de concilier autant qu'il est en lui vos légitimes besoins avec les justes exigences du trésor public. Sans doute il eût été plus doux pour lui, et sa tâche eût été plus facile, s'il eût pu faire coïncider avec l'avènement de la République le système d'économie qui devra désormais prévaloir dans nos finances. Mais, vous le savez, citoyens, parmi les abus de la monarchie, il n'en est pas de plus monstrueux que la dilapidation systématique des trésors de la nation. Nous avons à réparer dix-huit années de désordres et de pillages; victimes des fautes d'une administration imprévoyante, c'est à nous à les réparer, et après avoir lutté si long-temps contre les vices d'un régime désastreux, il nous reste à combler l'abîme qu'il a laissé derrière lui.

Ne croyez donc pas aux méchants propos de ceux qui accusent la République de la crise financière dont nous subissons les cruelles épreuves. Nos maux d'aujourd'hui sont les fruits amers de la royauté, son dernier souvenir, son malencontreux héritage. Aussi le premier soin du Gouvernement républicain, sa plus pressante préoccupation a-t-elle dû être de vous affranchir des liens de cette onéreuse succession, de faire appel au patriotisme de tous, pour apporter un remède efficace aux difficultés qui nous ont été léguées. Telle a été la pensée du décret du 16 mars; telle a été l'origine, le but de la contribution extraordinaire de quarante-cinq centimes, destinée principalement à fournir des moyens de crédit à l'agriculture, à l'industrie et au commerce.

Mais en même temps le Gouvernement provisoire, toujours soucieux de venir en aide à la petite propriété, et persuadé qu'une augmentation de charges ne doit pas peser sur les nombreux contribuables qu'une vie de travail et de sacrifices rend si dignes d'intérêt, n'a pas craint de créer pour eux une exception qui n'est qu'une justice. Si c'est un privilége, c'est le privilége du pauvre, et personne ne songerait à s'en montrer jaloux. Le décret du 5 avril est comme une réparation des inégalités et des caprices de la fortune.

Un autre décret du Gouvernement mérite ausi la reconnaissance des citoyens; c'est celui du 4 avril, qui assujettit à des retenues proportionnelles les traitements, appointements et pensions payés sur les fonds du budget de l'Etat. Là, encore, ont été épargnés les modestes travailleurs et les modiques rétributions. Les fonctions importantes, au contraire, viennent apporter leur contribution : et il ne faut pas oublier que ces fonctions sont aujourd'hui le signe d'un travail immense, incessant, qui laisse à peine un repos de quelques heures de nuit. C'est ainsi que tous les citoyens, depuis le plus élevé dans la hiérarchie administrative jusqu'au plus humble, apportent leur contingent à la patrie, tandis que partout est respectée, partout est épargnée l'obole du pauvre. Qui pourrait douter des heureuses destinées de l'avenir, lorsqu'on voit tous les citoyens de la grande nation unis dans une même pensée de sacrifice et de dévouement !

Il faut, nous dit-on, nous confier au pays; on ne nous demande pas autre chose.

Nous pourrions nous contenter de répondre que nous avons fait appel au vote de tous.

Mais nous intervenons, nous dit-on encore, nous avons la prétention d'éclairer l'opinion qu'on égare, de rétablir les faits qu'on dénature, de réhabiliter les principes qu'on calomnie; nous ne savons pas nous résigner à la contemplation impassible des manœuvres perfides de nos ennemis.

Où est la liberté, si les saints oracles du temple écroulé ne peuvent plus parler sans qu'on les démente? Où est l'égalité, si nous n'avons foi qu'à nos coreligionnaires et à nos martyrs? Où est la fraternité surtout, si nous ne nous hâtons d'oublier un passé que chacun répudie, et de nous unir dans un égal dévouement à l'ordre de choses qui l'a emporté ?

On n'a jamais plus impertinemment abusé de notre symbole. Comme l'entendent nos convertis, il serait la sauvegarde de toutes les trahisons, la consécration de tous les parjures. Pas d'infamies sur lesquelles on ne fût obligé de passer l'éponge, avec lesquelles on ne se vît même forcé de pactiser. Eh bien! non, nous ne tendons pas indistinctement la main à tout le monde. La fraternité, en ce sens, serait synonyme de duperie; ce n'est pas liberté, égalité, fraternité qu'il faudrait dire, mais liberté, égalité, imbécillité.

La confiance ne dépend pas de nous, ceux-là doivent l'inspirer qui en ont besoin et qui la réclament.

Un journal du matin proteste contre tout système d'exclusion, en déclarant qu'il ne faut que des républicains à l'Assemblée nationale. Il aurait bien dû nous apprendre, en ce cas, ce qu'il compte faire des candidats qui ne sont pas républicains.　　　*(Réforme.)*

Les 23 et 24 février, il a été élevé dans Paris 1,512 barricades presque entièrement concentrées entre la Cité, la Madeleine, la barrière des Martyrs, le canal Saint-Martin, sur la rive droite et autour de la Cité, sur la rive gauche; elles s'étendaient en outre dans toutes les routes conduisant aux barrières.

On a calculé que chaque barricade a employé, en moyenne, 845 pavés; de sorte que le peuple a arraché en quelques heures 1,277,640 pavés.

On a en outre renversé 4,013 arbres, on a brisé ou endommagé 3,704 appareils d'éclairage, savoir : 227 candélabres, 11 consoles, 890 lanternes brisées, et 2,576 lanternes dont les verres ont été cassés.

Enfin on a brûlé ou détruit 53 corps de garde, 71 bureaux de surveillants des voitures de place, 41 bureaux d'octroi, 41 guérites, 104 colonnes d'affichage, 192 bancs; total : 603.

Dans ce calcul ne sont pas comprises les grilles qui ont été arrachées pour faire des armes et compléter des barricades, comme à la Bourse, à l'Assomption, au ministère de la marine, à Notre-Dame-de-Lorette, etc.

BULLETIN DE LA RÉPUBLIQUE. No 15.

MINISTÈRE DE L'INTÉRIEUR.

Paris, 13 avril 1848.

Plus nous approchons du moment des élections, plus il importe que chaque citoyen, se recueillant en lui-même, soit pénétré de la grandeur du devoir qu'il va remplir. Sous le gouvernement déchu, quelques privilégiés étaient, par une insolente fiction de la loi, censés représenter tout le pays. Exclusivement préoccupés de leur intérêt personnel, ils choisissaient pour mandataires ceux qui pouvaient le plus utilement les servir; aujourd'hui que la nation tout entière est convoquée, il ne peut plus être question de ces misérables considérations d'égoïsme : les députés ne doivent plus être les hommes d'affaires de leur département, mais les interprètes de la volonté souveraine de la France. Il faut donc les chercher parmi les hommes doués au plus haut degré de qualités généreuses et de nobles sentiments. Demandez-leur avant tout la probité, sans laquelle les caractères les plus éminents, les plus belles facultés ne sont que des avantages dangereux. Naguère encore la loi disait : Mesurez la capacité à la cote des impôts; plus un citoyen est riche, plus il est digne de vos suffrages. Cette loi corruptrice n'existe plus; la République exige de ceux qui aspirent à l'honneur de la servir un cœur droit et ferme; elle préfère la garantie de la moralité à celle de la fortune.

Mais pour être député, ce n'est point assez d'être honnête, il faut être républicain sans réserve et sans arrière-pensée. Or, il est un signe infaillible auquel vous reconnaîtrez ceux qui ont le droit de prendre ce titre. Ce signe, c'est le désintéressement des convictions. Vous entendrez beaucoup de candidats célébrer la chaleur et la sincérité de leurs opinions; mais si déjà vous les avez vus, engagés dans la carrière politique, accepter comme chefs et comme maîtres les hommes que nous avons renversés, défiez-vous de leur changement subit, et avant de les exposer à l'épreuve périlleuse de l'Assemblée nationale, laissez-les affermir dans la vie privée leur prompte et miraculeuse conversion.

Ne perdez pas de vue cette réflexion bien simple : on n'affronte les dangers et les agitations de l'existence publique que par ambition ou dévouement à une idée. Or, celui-là qui défendait sous la monarchie les principes mis en poussière par la révolution, ne peut obéir à un sentiment d'abnégation. Il cède au vain désir d'associer son nom à un grand fait historique, peut-être à l'amour des distinctions et du pouvoir. Mais la pensée du sacrifice est loin de son cœur. Il ne voit dans la députation qu'un piédestal ou un moyen de fortune.

De tels hommes compromettraient bien vite l'Assemblée en la conduisant dans des voies hostiles aux intérêts de la nation. Pour conserver intact et glorieux le dépôt des libertés publiques, cette Assemblée doit incessamment travailler à fonder solidement l'édifice de la société démocratique. Elle doit porter une main hardie sur les institutions oppressives et condamnées, ne reculer devant aucune des conséquences de la révolution, entraîner le pays par la grandeur de ses résolutions, et, s'il le faut, briser sans ménagement toutes les résistances. Le salut de la France est à ce prix. Or, cette mission difficile et dangereuse ne peut être confiée qu'à des mandataires libres de tout engagement avec le passé, supérieurs à toute faiblesse, préparés à verser leur sang pour le triomphe complet de la sainte cause du peuple !

Sachez bien que la République n'est pas dans de vaines déclarations, non plus que dans un changement de personnes. Elle n'existera vraiment que lorsque, grâce à l'intervention de tous les citoyens dans les affaires publiques, la volonté, l'intérêt, les besoins du plus grand nombre recevront leur légitime satisfaction. Que veut la nation, sinon être glorieuse et forte au dehors, libre et sagement administrée au dedans ? Quel est son intérêt, sinon d'accroître indéfiniment son intelligence, ses moyens d'action, ses richesses; de se développer largement sous l'influence du grand principe de l'égalité ? Quels sont ses besoins, sinon l'économie, la simplicité, la droiture dans le gouvernement, la modération des taxes, la justice gratuite, l'assistance assurée au malheur ? Eh bien ! ces améliorations ne sont possibles qu'en renouvelant la société actuelle, et ceux-là seuls en auront le courage, qui, affranchis à l'avance de tout lien avec les pouvoirs passés, ne craindront pas de tout ris-

quer, même leur popularité, pour donner à la France
une législation qui consacre l'application radicale de ces
principes.

Que les hommes honnêtes et sincères, aimant leur
pays, se mettent donc au-dessus de tout esprit de cote-
rie; qu'ils oublient leurs petites rivalités; qu'ils se confondent dans une même pensée républicaine; qu'ils
écartent également et ceux qui acceptent le gouvernement comme un pis-aller, et ceux qui le subissent comme
une transition. Quiconque n'est pas convaincu que la
République ne peut pas périr ne sera qu'un député dangereux. Il sera disposé aux transactions et aux demi-
mesures, et par ses hésitations il deviendra une cause
de graves embarras. Arrière les indifférents et les ambitieux! la patrie a besoin de foi et d'abnégation. C'est
à cette double vertu que les électeurs distingueront les
candidats dignes d'être élus.

BULLETIN DE LA RÉPUBLIQUE. N° 16.

MINISTÈRE DE L'INTÉRIEUR.

Paris, 15 avril 1848.

Citoyens,

Nous n'avons pu passer du régime de la corruption au
régime du droit dans un jour, dans une heure. Une
heure d'inspiration et d'héroïsme a suffi au peuple pour
consacrer le principe de la vérité. Mais dix-huit ans de
mensonge opposent au régime de la vérité des obstacles
qu'un souffle ne renverse pas; les élections, si elles ne
font pas triompher la vérité sociale, si elles sont l'expression des intérêts d'une caste, arrachée à la confiante loyauté du peuple, les élections, qui devaient être
le salut de la République, seront sa perte, il n'en faut
pas douter. Il n'y aurait alors qu'une voie de salut pour
le peuple qui a fait les barricades, ce serait de manifester
une seconde fois sa volonté, et d'ajourner les décisions
d'une fausse représentation nationale.

Ce remède extrême, déplorable, la France voudrait-
elle forcer Paris à y recourir? A Dieu ne plaise! Non;
la France a confié à Paris une grande mission, le peuple
français ne voudra pas rendre cette mission incompati-

ble avec l'ordre et le calme nécessaires aux délibérations du corps constituant. Paris se regarde, avec raison, comme le mandataire de toute la population du territoire national; Paris est le poste avancé de l'armée qui combat pour l'idée républicaine; Paris est le rendez-vous, à certaines heures, de toutes les volontés généreuses, de toutes les forces morales de la France; Paris ne séparera pas sa cause de la cause du peuple qui souffre, attend, et réclame d'une extrémité à l'autre du pays. Si l'anarchie travaille au loin, si les influences sociales pervertissent le jugement ou trahissent le vœu des masses dispersées et trompées par l'éloignement, le peuple de Paris se croit et se déclare solidaire des intérêts de toute la nation.

Sur quelques points, on abuse, on égare les populations; sur quelques points la richesse réclame ses priviléges à main armée. Ceux qui agissent ainsi commettent un grand crime, et nous menacent de la douleur de vaincre quand nous aurions voulu seulement persuader.

Que, de toutes parts, le peuple des campagnes se rallie au peuple des villes, et que le peuple des villes s'unisse à celui qui, au nom de tous et pour la commune gloire, a conquis le principe d'un heureux et noble avenir. Partout la cause du peuple est la même; partout les intérêts du pauvre et de l'opprimé sont solidaires. Si la République succombait à Paris, elle succomberait non seulement en France, mais dans tout l'univers qui, les yeux fixés sur nous, s'agite héroïquement pour sa délivrance.

Citoyens, il ne faut pas que vous en veniez à être forcés de violer vous-mêmes le principe de votre propre souveraineté. Entre le danger de perdre cette conquête par le fait d'une assemblée incapable, ou par celui d'un mouvement d'indignation populaire, le Gouvernement provisoire ne peut que vous avertir et vous montrer le péril qui vous menace. Il n'a pas le droit de violenter les esprits et de porter atteinte au principe du droit public. Élu par vous, il ne peut ni empêcher le mal que produirait l'exercice mal compris d'un droit sacré, ni arrêter votre élan, le jour où, vous apercevant vous-mêmes de vos méprises, vous voudriez changer, dans sa forme, l'exercice de ce droit.

Mais ce qu'il peut, ce qu'il doit faire, c'est de vous

éclairer sur les conséquences de vos actes. Jadis les représentants du peuple sauvaient la patrie en proclamant le danger de la patrie. Dans une nation comme la France, l'idée du danger ne peut démoraliser que ceux qui n'ont pas le cœur français. Le vrai Français aime l'idée du danger, qui est pour lui l'idée même de la victoire ! Eh bien, si la patrie n'est plus en danger comme aux jours de notre première République, si l'ennemi n'est plus à nos portes, si la lutte matérielle n'est plus établie dans nos propres rangs, il y a une lutte intellectuelle, qu'un danger moral et une grande foi dans les idées, peuvent seuls conjurer.

Citoyens, ayons ce courage. Détachons-nous de l'intérêt matériel mal entendu, des étroites passions de localité. Préservons-nous des ennemis qui nous flattent en nous caressant pour mieux étrangler la liberté qui leur sert d'égide. Sauvons à tout prix la République. Il dépend encore de nous de la sauver sans convulsions et sans déchirements.

BULLETIN DE LA RÉPUBLIQUE.   N° 17.

MINISTÈRE DE L'INTÉRIEUR.

Paris, 18 avril 1848.

Citoyens,

Avant les évènements qui ont prouvé, pour la seconde fois depuis un demi-siècle, l'inanité de ce mensonge doré qu'on nomme la royauté, le peuple, déshérité de sa part de jouissances morales et de sa place au grand soleil de l'intelligence, le peuple creusait laborieusement, péniblement dans la vie son sillon qu'il arrosait toujours de ses sueurs, souvent de ses larmes, quelquefois de son sang. Il marchait pliant sous le fardeau si pesant de ses misères, et gémissant sous le fardeau plus pesant et plus douloureux encore de son ignorance.

Par égoïsme autant que par indifférence, les hommes commis à son entretien et à son développement éloignaient de lui le savoir afin de lui interdire le pouvoir.

Mais l'heure approchait où cet égoïsme et cette indifférence coupables allaient enfin recevoir leur châtiment. Le peuple, aidé de ce sublime instinct que ces hommes lui refusaient, s'est levé, et les a chassés. Gloire à lui ! honte à eux !

Il est temps enfin que ce peuple, qui a prouvé son énergie et sa force, prouve aussi son intelligence. Il est temps qu'il prenne sa place au banquet de la pensée.

L'ignorance, pas plus que la misère, n'est une chose normale. Dieu n'a pas plus voulu l'une que l'autre. Il n'a pas pu vouer ainsi son œuvre la plus parfaite à l'ilotisme, au servage et à l'impuissance. La misère et l'ignorance ne sont que transitoirement dans ce monde. Il faut que l'une et l'autre disparaissent.

Assez et trop long-temps le peuple fort a été traité en enfant. Il faut qu'il revête sa robe de virilité.

Après le pain qui nourrit et fortifie le corps, le pain qui nourrit et fortifie l'âme. L'âme aussi bien que le corps, a des droits sacrés et incontestables à la vie, mais à une vie à part. Il lui faut pour cela des aliments généreux et sains; et la Providence, qui ne veut rien d'incomplet et d'injuste, la Providence les a placés à la portée de ses aspirations, comme elle a placé les aliments du corps à la portée de ses désirs.

L'intelligence est innée chez l'homme. Mais l'instruction, son corollaire efficace, et sans laquelle elle est insuffisante; l'instruction qui lui enseigne à dépenser utilement, est une chose qui s'acquiert. Elle n'a été jusqu'ici que le lot des privilégiés de ce monde. Il faut que les masses partagent enfin cette manne bienfaisante qu'on avait tenue si long-temps éloignée de leurs lèvres.

Le peuple l'a profondément senti; et le Gouvernement républicain, qui veut faciliter en lui le développement des grandes passions et des instincts généreux, le Gouvernement républicain donnera complète satisfaction aux exigences si légitimes de son esprit et de son cœur.

Le peuple a compris que l'avènement de la République était celui de la force morale, la seule dont il ait besoin désormais ; que l'intelligence est aujourd'hui l'arme civilisatrice, le levier humanitaire qui, pour soulever le monde, demande la foi pour point d'appui; et qu'enfin l'ère qui vient de s'ouvrir ne sera féconde dans ses résultats qu'à la condition d'un progrès intellectuel et moral auquel sont intéressés sa dignité et son bonheur.

BULLETIN DE LA RÉPUBLIQUE.   N° 18.

MINISTÈRE DE L'INTÉRIEUR.

Paris, 20 avril 1848.

Citoyens,

Plus l'heure solennelle des élections approche, plus les hommes que le vœu du peuple a investis d'une magistrature provisoire éprouvent le besoin de mettre leur pensée en communication avec la vôtre, de rechercher avec vous les moyens les plus sûrs de consolider la grande œuvre de la République. Si tous vous êtes convaincus qu'une ère nouvelle s'est ouverte pour la France, et que désormais tout mouvement en arrière est impossible, vous concourrez loyalement à continuer la révolution si glorieusement accomplie en février.

La population de Paris tout entière ne laisse échapper aucune occasion de protester énergiquement de son dévouement à cette révolution. A la moindre agitation, au moindre soupçon de danger, elle entoure le Gouvernement et se montre prête à frapper les ennemis de la liberté. Elle témoigne ainsi, par son attitude, qu'elle défendrait jusqu'à la mort la conquête déjà scellée du sang de ses héroïques enfants. Qui donc serait assez téméraire pour oser rêver une réaction quelconque, un retour même timide vers un passé légitimement odieux ?

Non, le pays ne peut être menacé d'un pareil malheur. Il ne se rencontrera pas dans son sein des hommes assez aveugles pour fermer les yeux à la lumière et ne pas voir cet unanime et patriotique élan qui entraîne et confond toutes les dissidences. Chacun sent que la patrie ne peut être grande, forte et vraiment puissante que par l'union de tous les citoyens, et qu'il n'y a qu'un gouvernement qui puisse rallier toutes les sympathies, c'est celui qui, librement sorti de la nation, est l'expression vivante de sa volonté, de ses besoins, et jusqu'à un certain point de ses passions. Or, ce gouvernement c'est la République.

Voilà ce qu'ont voulu dire les légions parisiennes quand, fraternellement mêlées aux ouvriers et aux citoyens sans armes, elles ont fait retentir les airs de leurs civiques acclamations. Ces transports, cet enthousiasme n'avaient pas d'autre signification. Ils étaient un énergique appel au bon sens, au républicanisme des départements, et en même temps une réponse à cette sotte calomnie répandue à profusion par quelques agitateurs, que les réacteurs trouveraient des partisans à Paris.

Cette noble cité a mis à néant cette injurieuse supposition. Elle a couvert le berceau de la République de la forêt de ses trois cent mille baïonnettes. Quel est l'audacieux qui maintenant se risquerait à l'attaquer ?

Si une faction obscure avait formé ce projet, elle a dû comprendre sa faiblesse et la toute-puissance du peuple. Et quant aux communistes, contre lesquels se sont fait entendre des cris de réprobation et de colère, ils ne valaient pas la peine d'une démonstration. Qu'un petit nombre de sectaires exaltés prêchent le chimérique établissement d'une égalité de fortunes impossible, il ne faut ni s'en étonner, ni s'en effrayer. A toutes les époques, des esprits égarés ont poursuivi sans l'atteindre la réalisation de ce rêve. Les sévérités de la législation qui proscrivait l'ombre d'une association, n'ont pas empêché les rares adeptes de cette doctrine de se lier en un faisceau. Au lieu d'en avoir peur, qu'on livre leurs idées à la libre discussion, et le bon sens public les combattra plus sûrement que ne pourraient le faire les officiers de la justice. La République est assez forte pour ouvrir la carrière à tous les systèmes ; et tant que les fauteurs d'une impraticable théorie ne conspirent point, ils ne sont pas dangereux, ils portent en eux-mêmes et dans leur propre sein l'élément de leur destruction.

La protestation de la population parisienne contre les communistes n'a donc d'autre signification qu'une adhésion franche et sans réserve aux principes et à toutes les conséquences de la forme républicaine. Aujourd'hui cette adhésion se montre plus éclatante et plus solennelle encore. Réunies à nos frères de l'armée, les phalanges citoyennes, c'est-à-dire le peuple de Paris tout entier, confondent dans une fête patriotique leurs pensées et leurs cœurs. Et la France attentive à ce grand spectacle écartera de l'urne électorale les candidats qui ne seraient pas résolus à tous les sacrifices pour maintenir l'unité et la grandeur, pour assurer le triomphe de la République et au besoin écraser ses ennemis,

BULLETIN DE LA RÉPUBLIQUE.   N° 19

MINISTÈRE DE L'INTÉRIEUR.

Paris, 22 avril 1848.

Citoyens,

Paris a été, dans la journée du 20 avril, le véritable représentant de la France. Que la France entière vibre au cri fraternel que Paris lui envoie. Que toutes les différences d'opinion soient oubliées pendant un jour; le lendemain de ce jour-là nous nous sentirons tous meilleurs et plus forts.

La journée du 20 avril a scellé le pacte de la fraternité entre tous les éléments du peuple, le peuple et l'armée : le peuple qui travaille dans l'intérieur de Paris à tous les arts industriels, et le peuple qui travaille autour de Paris au développement de l'agriculture; le peuple jeune et ardent qui brandit avec fierté des armes brillantes, et le peuple mûr qui a traversé les orages du passé et qui ne combat plus qu'avec le prestige de ses souvenirs et la moralité de ses enseignements; les enfants du peuple qui vont grandir au souffle vivifiant de la liberté : les femmes du peuple qui ont le cœur aussi grand que leurs époux et leurs pères, quand le mot de République les fait tressaillir. Tous les éléments, toutes les nuances, tous les aspects, toutes les aspirations, toutes les conquêtes, toutes les forces vives de cet être multiple qu'on appelle le peuple, ont comparu le 20 avril sur la scène de l'histoire pour annoncer au monde que la solution de tous les problèmes de la politique ne pèsent pas plus qu'un grain de sable dans sa main puissante.

La science politique est trouvée maintenant. Elle ne s'est pas révélée à un seul, elle s'est révélée à tous le jour où la République a proclamé le principe de la souveraineté de tous. Cette science politique sera désormais d'une application grande et simple. Il ne s'agira que de convoquer le peuple par grandes masses, le souverain tout entier, et d'invoquer le consentement unanime, dans ces questions où la conscience populaire parle avec tant d'éloquence et d'ensemble par acclamation.

Cette voix de la multitude, cette voix du peuple qu'on a toujours appelée la voix de Dieu, elle a prononcé son oracle FRATERNITÉ, INDIVISIBILITÉ. Le peuple ne veut pas qu'on le désunisse, il ne veut pas qu'on le trompe. Il pardonne à tout le passé, mais pour l'avenir il n'a qu'un cri : LA RÉPUBLIQUE ! Ce mot renferme pour lui toutes les promesses de Dieu.

Le peuple répond à la sympathie par la sympathie, à la confiance par la confiance. Il fait plus, il impose la sympathie, il s'empare de la confiance. Voilà toute la tyrannie d'un peuple libre. Il a un cri d'amour pour tout ce qui vient à lui franchement, le cœur et les bras ouverts. Il ouvre ses rangs profonds, immenses, ses masses innombrables aux masses diverses qui veulent se fondre avec lui. Il rappelle l'armée dans son sein, et par une de ces inspirations délicates et irrésistibles du sentiment, il place ses enfants sur les canons de cette terrible artillerie de guerre dont il sait bien qu'il n'aura plus jamais rien à craindre. Il les confie à ces braves soldats qui promènent ainsi la force matérielle du présent et la force morale de l'avenir. Les vieillards, les femmes, les enfants ont improvisé des phalanges épaisses et se sont précipités au milieu des bataillons, créant par un général désordre un ordre nouveau dans l'immense cortége qui s'est déroulé sans interruption pendant quatorze heures dans les larges artères de l'immense cité.

La journée du 20 avril demeurera dans l'histoire de notre glorieuse révolution l'une des plus belles, des plus pures, des plus fécondes. Ceux-là seuls peuvent s'en faire une idée qui en ont été les témoins; mais quel pinceau pourrait en reproduire l'image, quelle forme de langage aurait le don de faire soupçonner la magnificence du spectacle, la grandeur des émotions qui ont tenu Paris tout entier sous le charme pendant dix-huit heures !

Les légions de la garde nationale, cette fois composées de tous les habitants de la cité, commandés par les chefs nouvellement élus, étaient appelées à recevoir leurs drapeaux des mains du Gouvernement provisoire. Pour donner à cette solennité l'éclat majestueux d'une cérémo-

nie populaire, en même temps pour enlever tout prétexte
aux ridicules calomnies répandues par quelques réactionnaires sur une prétendue scission entre le peuple et l'armée, des régiments avaient été conviés à s'associer à
cette grande démonstration. Le théâtre était digne de
la scène. Sur une immense estrade dressée au pied de
l'arc de triomphe de l'Etoile, les membres du Gouvernement provisoire, entourés d'un brillant état-major,
des magistrats en costume, d'une foule de fonctionnaires
et d'officiers supérieurs, distribuaient les drapeaux et
recevaient les serments. A droite et à gauche, de vastes
tribunes étaient couvertes de spectateurs et couronnées
par des chœurs d'orphéonistes, des musiciens de la
garde nationale et des régiments qui faisaient retentir
les airs d'accents patriotiques. Au-dessus et sous l'arc
même, s'elevait un amphithéâtre richement orné, exclusivement consacré aux femmes. Toutes souriantes
et fraîchement parées, elles semblaient être, sous ce magnifique dôme de pierre dédié par la patrie à la gloire
de nos armes, la personnification gracieuse des pensées
d'amour et de paix qui doivent inaugurer notre jeune
République.

La matinée avait été pluvieuse et sombre, et cependant malgré cette inclémence du ciel, la cité tout entière, animée d'un patriotique élan, était, dès sept heures, debout et en armes. Les belles légions de la banlieue
se trouvaient déjà au rendez-vous. Des régiments d'in-
fanterie, des cuirassiers, des dragons, de l'artillerie se
mêlaient aux phalanges citoyennes. C'était bien l'in-
nombrable armée que la foi seule peut faire sortir de
terre, quand la liberté frappe le sol de la patrie. De
l'arc de triomphe à la barrière du Trône en suivant les
boulevards, c'est-à-dire sur un espace de trois lieues,
ce n'était qu'une forêt de baïonnettes pressées. De la
place de la Révolution à l'Hôtel de ville, les quais en
étaient encombrés. Trois cent mille hommes étaient là,
tous palpitant d'amour pour la France, tous dévoués,
tous saluant avec transport l'aurore d'un gouvernement
impérissable, puisqu'il sera celui de tous par tous. A dix
heures, la cérémonie a commencé. Le canon a grondé;
les hymnes révolutionnaires ont retenti, et bientôt, de
ces trois cent mille poitrines, de cette ville noblement
représentée par ses enfants unis en armes, est partie

une acclamation formidable. Alors ce torrent de soldats s'est majestueusement écoulé, chaque légion a reçu ses drapeaux; confondue avec elle, et remarquable par son admirable tenue militaire, son esprit d'ordre, son enthousiasme patriotique, la garde nationale mobile s'est avancée à son tour; puis la garde civique, avec son costume pittoresque, rappelant celui que nos pères ont illustré par leur gloire. A chaque peloton se joignaient des citoyens sans armes, des femmes, des enfants se détachant de la foule émue qui couvrait les abords de l'arc de triomphe; les tambours battaient la charge, les clairons sonnaient des fanfares, les officiers levaient au ciel leurs épées nues, les soldats brandissaient leurs fusils, et tous ensemble criaient avec ivresse : *Vive la République!*

Oui, elle vivra, notre sainte, notre glorieuse, notre fraternelle république! Elle sera éternelle comme l'humanité dont elle servira noblement les destinées! Elle sera forte comme la justice, féconde comme le progrès, puissante comme la vérité! Flambeau du monde, elle chassera les ténèbres de l'ignorance, de la superstition et de la peur. Grande et conquérante par sa sagesse, elle fera successivement tomber tous les trônes par le seul prestige de son irrésistible attraction. Protectrice de tous les intérêts, défenseur des opprimés, gardienne de tous les droits, elle triomphera sans peine de tous les obstacles. Paris, la capitale du monde, l'a intronisée, et la France tout entière répète avec elle ce cri généreux de salut, de gloire et d'émancipation : *Vive la République!*

———

Paris, 20 avril 1848, minuit.

L'aspect de Paris, ce soir, avait quelque chose de féerique.

Partout des fenêtres pavoisées; partout des banderoles flottantes; partout des illuminations en verres de couleur.

Le ciel, un peu obscur pendant une partie de la journée, s'était rasséréné, et les milliers d'étoiles qui y scintillaient encadraient dignement le tableau magique que notre plume est impuissante pour esquisser.

Parmi les épisodes si variés, si dramatiques de cet‑e

merveilleuse soirée, nous doutons qu'il y en ait eu de plus émouvant que celui dont nous venons d'être témoins rue de Grenelle-Saint-Germain; des torches phosphorescentes brillent au loin; des sabres, des baïonnettes jettent de nombreux et rapides éclairs; une musique militaire exécute de joyeuses et patriotiques fanfares, et un immense cri d'enthousiasme la domine par intervalles :

C'est le peuple qui, encore tout palpitant des émotions de la fête de la Fraternité, précède, entoure ou suit le citoyen Ledru-Rollin et le reconduit jusqu'à l'hôtel du ministère de l'intérieur.

Une faible partie de l'immense cortége peut seule trouver accès dans la cour de l'hôtel qu'elle encombre sans le moindre désordre; arrivé en face du grand perron le ministre arrête son cheval, et d'une voix accentuée, pleine d'émotion, il prononce l'allocution dont nous reproduisons bien imparfaitement ci-après les passages les plus saillants :

« Citoyens,

« Aujourd'hui s'est déroulé devant nous l'évènement le plus immense qui ait peut-être jamais été inscrit dans les fastes de l'humanité.

« La fête de la Fédération de 90 n'a rien offert d'aussi grand, d'aussi solennel.

« 400,000 hommes ont fraternisé dans un sentiment commun, dans une pensée commune d'égalité.

« Oui, le peuple tout entier était là, sous trois costumes différents, sous la veste, sous l'uniforme, sous l'habit : c'était toujours le peuple;

« Le peuple, comme toujours, patient et admirable, le peuple qui avait faim peut-être, et à qui son patriotisme fait tout supporter sans murmurer; le peuple dont une partie, hélas! il faut bien le dire, ne savait pas si le repas du soir ou celui du lendemain était assuré.

« Admirable témoignage de la puissance de l'idée ! Le juste sentiment de sa dignité satisfaite, ses nobles aspirations vers l'avenir, l'ont, pour ainsi dire, placé au-dessus des besoins matériels de l'humanité.

« Mais, citoyens, si ce peuple oublie ses besoins et ses intérêts dans les admirables préoccupations de son patriotisme, c'est aux hommes qui le représentent à faire leur devoir et à y songer pour lui.

« Ce qu'il faut à l'ouvrier, au travailleur, ce n'est pas une rétribution pour rester oisif, sa fierté et ses habitudes laborieuses repoussent un pareil système ; ce qu'il faut à l'ouvrier, c'est l'emploi de ses bras ; ce qu'il faut au travail, c'est un commanditaire.

« Il faut aussi des banques de crédit pour l'agriculture, cette mère nourricière si féconde.

« Qu'on renonce aux palliatifs, aux demi-mesures, mes amis : vous qui lui avez aujourd'hui inoculé tant de force, vous avez le droit de demander à votre gouvernement de vastes mesures d'ensemble qui améliorent le sort du travailleur.

« En vérité, quand on songe à la force immense de la nation, à la grandeur, à l'éclat de la manifestation d'aujourd'hui qui nous rend si formidables à l'étranger, on éprouve, comme contraste, une sorte de découragement involontaire, on se sent bien faible, bien petit pour représenter un peuple si noble, si sympathique, si généreux.

« Pour moi, si je sens que malgré l'énergie que je puise dans mon patriotisme et dans les témoignages de confiance dont vous m'entourez, je ne puis me trouver au niveau d'une tâche presque surhumaine ; si je rencontre des obstacles qui m'empêchent de m'acquitter de cette tâche aussi dignement, aussi complètement que je le voudrais, je rentrerai à l'instant même dans la vie privée. » (Cris unanimes de non ! non ! restez ! restez ! Vive Ledru-Rollin !)

« Citoyens, encore un mot : ce soir, monté sur le faîte de l'arc de triomphe, je contemplais avec une indicible émotion du haut de ce monument élevé à nos gloires la grande scène qui se déroulait sous mes regards.

« Tout à coup un arc-en-ciel a sillonné les cieux, j'ai senti mes paupières s'humecter à la vue de ce symbole d'union et de concorde, et j'ai cru y reconnaître une sanction divine de notre immortelle, de notre évangélique devise de fraternité.

« Oui, mes amis, soyons unis pour rester forts, soyons unis ici, et bientôt tous les peuples nos frères, encore enchaînés, seront libres et triomphants.

« Et maintenant, mes amis, retirez-vous avec ordre,

avec calmé; pas de clameurs, que tout reste noble et beau dans les manifestations de cette grande journée. »

A peine le citoyen Ledru-Rollin a-t-il terminé cette chaleureuse improvisation, qu'il est entouré, pressé de toutes parts; c'est à qui lui serrera la main, à qui pourra l'approcher de plus près, et il se trouve presque enlevé de dessus son cheval, aux cris mille fois répétés de : *Vive Ledru-Rollin! Vive la République!*

Puis, docile à cette voix qu'elle aime, la multitude s'éloigne avec calme, aux sons d'une musique guerrière.

BULLETIN DE LA RÉPUBLIQUE. No 20.

MINISTÈRE DE L'INTÉRIEUR.

Paris, 25 avril 1848.

Une grande, une magnifique épreuve est déjà presque terminée dans toute la France, et l'urne électorale va bientôt rendre des arrêts sans appel, au nom du peuple souverain.

Pas un seul désordre, pas une seule manifestation alarmante à constater et à regretter : le peuple, appelé pour la première fois au complet exercice de ses droits, s'est montré, comme toujours, admirable d'instinct et d'intelligence; il a compris la hauteur, la majesté de sa mission, et il l'a remplie avec la dignité, avec le calme de la véritable force.

Cette épreuve est concluante, et s'il pouvait rester encore dans quelques esprits timorés des doutes sur l'application facile et entière du suffrage universel, ces doutes sont levés par l'admirable spectacle dont Paris vient d'être témoin.

Empressement sans tumulte, modération, tolérance, respect de toutes les opinions consciencieuses; tels ont été les traits caractéristiques de l'attitude des populations.

Les mesures prises par le Gouvernement provisoire et par le ministère ont prévenu tout encombrement, toute perte de temps; administrateurs aussi bien qu'administrés ont à s'applaudir de la mise en œuvre du mécanisme préparé pour les exigences d'une situation sans précédent.

Cette physionomie des assemblées électorales, rapprochée de la tranquillité qui, au milieu d'une circulation immense et des préoccupations ou vicissitudes inséparables de toute grande commotion politique, continue à régner jour et nuit dans Paris, est la meilleure réponse aux calomnies que l'on propage à l'étranger sur notre situation intérieure, et dont quelques-unes pénètrent jusque dans nos provinces, et surtout dans nos campagnes.

Plût au ciel que nos populations agricoles si morales, si pleines de patriotisme, pussent être un instant transportées en masse auprès de nous pour fraterniser avec nos braves et sympathiques enfants de Paris !

Comme la fête de jeudi dernier, où l'on a vu la garde nationale et l'armée réunies dans une pensée commune de dévouement à la République et aux institutions démocratiques qui en sont le corollaire indispensable, cette communion entre les travailleurs des villes et des campagnes serait un fait immense acquis à l'esprit de concorde et d'ensemble, première force de toute société basée sur l'élément populaire !

Mais si cette communion en masse est difficile dans l'ordre matériel, elle existe, elle existera de plus en plus dans l'ordre moral.

A la République, à cette forme de gouvernement qui seule a le privilége de sauvegarder et de concilier tous les droits, tous les intérêts, à la République est réservée la gloire de réunir à un immense et invincible faisceau toutes les sympathies, toutes les espérances, toutes les activités, en un mot toutes les forces vives de la nation, pour les faire converger vers un but commun et unique, le bien-être et la prospérité de tous.

BULLETIN DE LA RÉPUBLIQUE. Nᵒ 21.

MINISTÈRE DE L'INTÉRIEUR.

Paris, 27 avril 1848.

Citoyens,

Il est dans la vie d'un peuple une heure solennelle et mémorable qui décide sans appel de ses destinées futures.

A cette heure-là, tous les partis et leurs misérables querelles, toutes les opinions et leurs mesquines rivalités se taisent et s'inclinent, pénétrés d'une respectueuse admiration pour l'enfantement héroïque d'une nation long-temps asservie.

Cette heure sonne pour la France, cette nation grande entre les nations, cette mère féconde qui n'a répondu aux égarements de ceux de ses enfants qui lui déchiraient le sein, que par le plus généreux pardon : l'oubli !

Encore quelques jours, et son avenir et le bonheur de plusieurs millions d'hommes seront résolus.

Tous les regards, toutes les espérances se tournent en ce moment vers elle, comme un pôle aimanté ! Tous les peuples attendent d'elle leur indépendance et leur liberté. Car son cri de résurrection a retenti au cœur du monde entier, et tout ce qui souffre et tout ce qui espère a répondu par un écho sympathique !

Calmes et recueillis dans le sanctuaire inviolable de leur conscience, les citoyens sont dans l'attente de l'évènement qu'ils auront eux-mêmes préparé ! Tous sentent bien que le sort de la France s'agite dans l'urne; tous pressentent les conséquences de la grave mission qu'ils étaient appelés à remplir, et qu'ils ont rempli avec indépendance et fermeté, nous n'en doutons pas, nous qui les connaissons, nous qui savons ce que leur esprit a d'intelligence et leur cœur de patriotisme !

Ils ont accompli, la plupart pour la première fois, le devoir le plus sacré, l'acte le plus important de leur vie ! Ils se sont montrés dignes de ce nom de citoyen qu'on leur avait si odieusement refusé; ils ont prouvé enfin qu'ils étaient mûrs pour l'exercice de leurs droits et pour l'accomplissement de leurs devoirs !

Les journées des 23 et 24 avril ont été belles; espérons qu'elles seront fécondes !

La France ne peut être heureuse et forte qu'à la condition d'être libre, et elle ne peut être libre qu'à la condition d'être républicaine. Pour qu'elle le soit, donc, il lui faut des représentants républicains.

On nous rendra cette justice que nous n'avons point voulu imposer des choix, désigner des candidats, alors que nous eussions pu, et même que nous eussions dû le faire, en présence des sourdes menées de la contre-révolution. Mieux eût valu, certes, plutôt que de les laisser égarer sur quelques réactionnaires imprudents, demander au peuple ses suffrages pour des citoyens énergiques et purs qui aimèrent la République à une époque où il était dangereux de l'aimer.

Mais nous n'en avons rien fait, sûrs d'avance que nous étions du bon sens et du patriotisme de la population parisienne.

Nous devions seulement, par un fraternel avertissement, la mettre en garde contre les suggestions perfides de certains contre-révolutionnaires qui veulent l'anarchie pour arriver au despotisme, et contre les coupables projets de quelques ambitieux dont l'avènement de la République a froissé les espérances.

Nous lui devions cet avertissement et nous le lui avons donné sans nous préoccuper beaucoup des clameurs isolées qu'il a soulevées dans certains départements travaillés sourdement par les ennemis des principes immortels de notre révolution.

Maintenant notre tâche est finie, la vôtre est commencée. Nous ne sommes plus rien, vous êtes tout. Nous résignerons bientôt entre vos mains les pouvoirs difficiles que nous avions momentanément acceptés, sans nous en dissimuler la gravité et le danger. Vous êtes maintenant, de fait, les seuls arbitres des destinées de cette noble terre de France si long-temps anarchique, aujourd'hui et pour toujours républicaine.

BULLETIN DE LA RÉPUBLIQUE.   N° 22.

MINISTÈRE DE L'INTÉRIEUR.

Paris, 29 avril 1848.

Quand la langue de la calomnie te pique, a dit Jean-Paul Richter, console-toi par cette réflexion que ce ne sont pas les plus mauvais fruits sur lesquels s'acharnent les guêpes.

L'expérience de la vie nous prouve chaque jour combien est vraie cette pensée, exprimée d'une manière si originale par un des plus grands écrivains de l'Allemagne.

Oui, ce sont les meilleurs fruits que les insectes, les moucherons, poursuivent sans relâche et avec furie de leurs morsures; oui, ce sont les citoyens qui ont le mieux servi la sainte cause de la liberté et de la démocratie, qui sont en butte aux plus cruelles, aux plus poignantes attaques; et souvent de la part de ceux-là mêmes qu'aux jours de lutte, de crise et de danger, ils ont pris sous l'égide de leur popularité, en proclamant dès l'abord les principes d'union, de tolérance, de concorde et de fraternité.

Au milieu des secousses profondes de la plus grande tempête politique des temps modernes, pas une goutte de sang n'a coulé après les péripéties aussi rapides que décisives d'une lutte de quelques heures : une population immense encore tout enivrée de l'odeur de la poudre et de la joie du triomphe, a quitté ses barricades, déposé les armes, repris ses travaux à la première prière des hommes qui jouissaient, qui jouissent encore de sa confiance.

La plus grande tolérance a existé pour tous : les élections, cette épreuve si compliquée, cette première application du suffrage universel, attendues avec tant d'anxiété, se sont passées sans le moindre tumulte, sans le moindre encombrement; et l'Assemblée nationale va recevoir des mains du Gouvernement provisoire les destinées de la France. Que l'on calomnie donc; le peuple si intelligent et si sympathique sait et saura discerner ses véritables amis, il comprendra à quelle pauvreté réelle d'arguments en est réduit le parti de la réaction, pour avoir sans cesse recours à des assertions aussi absurdes que lâches et mensongères, afin de rendre suspects et odieux quelques-uns des hommes qui se sont dévoués corps et âme aux intérêts de tous : et alors qu'à ces hommes qui ont consacré à la chose publique et leurs jours et leurs veilles, et qui en deux mois ont vieilli de dix ans sous les préoccupations incessantes de l'immense responsabilité acceptée par eux, on jettera le reproche d'avoir suivi dans leur conduite, dans leurs habitudes ou publiques ou privées, les errements, les traditions d'une cour corrompue et profondément méprisable, ce peuple haussera les épaules de pitié, car il connaît et la valeur réelle des fruits exposés aux morsures, et la méchanceté des guêpes.

—

BULLETIN DE LA RÉPUBLIQUE. N° 23.

MINISTÈRE DE L'INTÉRIEUR.

Paris, 2 mai 1848.

Citoyens,

Des troubles à jamais regrettables ont éclaté à Rouen et dans un petit nombre d'autres villes, à la suite des élections.

Ces secousses passagères, tout en nous affligeant profondément, ne doivent pas nous surprendre, après la commotion si puissante que la France, que l'Europe entière vient de ressentir.

Il ne faut voir, dans ces tourmentes d'un instant, que le résultat de quelques égarements individuels ou de quelques difficultés de détail presque inévitables dans l'application subite et d'urgence d'institutions dont le mécanisme n'a pas encore fonctionné parmi nous.

Tout vaisseau, quelque bien lancé qu'il soit, laisse après lui un sillage où tourbillonne un instant la vague.

Ne nous exagérons donc point la portée d'évènements qui, tout déplorables qu'ils sont, se trouvent facilement expliqués par la complication inséparable d'une situation sans précédent.

Ne cherchons point, dans ces évènements, l'indice de scissions qui ne sauraient désormais exister parmi nous.

N'oublions pas, citoyens, cette grande, cette évangélique devise : *Fraternité*, écrite sur nos glorieux drapeaux et au fronton de nos monuments publics; n'oublions pas que *fraternité* veut dire amour, charité, tolérance, conciliation, confiance, estime, indulgence réciproques.

Ayons foi dans la force des institutions que le peuple a conquises au prix de son sang, et que les épreuves qui nous restent à traverser ne feront qu'affermir par la sanction du temps et de l'expérience.

Croyons-le bien, non seulement la révolution ne reculera pas, mais encore elle ne s'arrêtera pas avant d'avoir accompli toutes ses promesses, avant d'avoir amélioré le sort des masses, en vue et au profit desquelles elle s'est faite.

Dieu, dans son éternelle sagesse et dans son éternelle bonté, n'a pu vouloir qu'il y ait ici-bas des élus et des réprouvés; et toute société qui, en présence des grands principes que la France a tant de fois proclamés et scellés de son sang, tendrait encore à concentrer dans un petit cercle de privilégiés le bien-être et les jouissances, est devenue impossible.

Tous les gouvernements qui se sont succédé en France depuis 89 ont promis d'assurer l'avenir du travailleur, et d'augmenter l'aisance générale en diminuant les charges publiques.

Aucun n'a voulu ou pu tenir cet engagement.

Espérons que c'est à la République fondée sur la base si large et si équitable du suffrage universel, c'est-à-dire au gouvernement de tous, qu'est réservée la gloire impérissable d'élever la moyenne du bien-être universel.

Point d'inquiétude, point de défiance : ne doutons ni de nous-mêmes, ni de notre cause; toutes les conséquences démocratiques de la révolution de Février nous sont désormais acquises, la démence seule pourrait songer à nous les ravir.

Reposons-nous sur l'Assemblée nationale du soin de revêtir d'une expression convenable les vœux populaires que, toute pénétrée de la source dont elle émane, elle ne saurait méconnaître, lorsqu'elle édifiera la nouvelle constitution républicaine destinée à servir de base à la grandeur, à la prospérité future de la France.

BULLETIN DE LA RÉPUBLIQUE. N° 24.

MINISTÈRE DE L'INTÉRIEUR.

Paris, 4 mai 1848.

Citoyens,

La France est sur le point d'assister pour la première fois à un grand, à un solenel spectacle.

Une Assemblée, produit du suffrage universel, une Assemblée dans laquelle doit s'incarner le principe de la souveraineté nationale, est appelée à jeter, sous l'influence d'une révolution toute récente, et sous l'impression de sympathies populaires hautement prononcées, les bases d'une constitution républicaine, dont elle ne saurait puiser les éléments ailleurs que dans les inspirations de la démocratie.

A part quelques agitations intérieures, exagérées par la malveillance, et insignifiantes alors qu'on les compare à l'immensité des résultats obtenus à la suite des journées de Février; à part des complications extérieures que la magnanimité, la modération de la France et son respect pour l'indépendance de ses voisins, l'ont seuls empêchée de résoudre par l'épée, l'Assemblée nationale reçoit, des mains du Gouvernement provisoire, la patrie plus libre et plus grande qu'à aucune époque consacrée par nos glorieuses annales.

Non, citoyens! jamais notre pays n'a présenté un aussi formidable faisceau de puissance, une aussi irrésistible force d'expansion; jamais il n'a pesé d'un pareil poids sur les destinées du monde!

Espérons que les élus de la nation se montreront dignes de la haute, de la magnifique mission qui leur est conférée.

Leur intelligence, leur courage, leur dévouement, leur patriotisme ne pourront que s'exalter de plus en plus par la conscience de la grandeur de leur mandat et par le contact de l'admirable population qui a scellé de son sang la précieuse conquête de nos libertés.

Citoyens, facilitons par notre attitude la tâche imposée à l'Assemblée nationale; que rien ne vienne distraire cette Assemblée des préoccupations inhérentes à l'œuvre capitale qu'elle est chargée d'édifier.

Attendons avec calme, avec confiance le résultat des délibérations de nos représentants.

Le calme, c'est l'ordre;

La confiance, c'est le crédit, c'est l'essor donné à l'industrie et au commerce qui viennent de traverser une crise pénible; c'est le premier mobile de la prospérité publique et privée; c'est la première garantie de la grandeur permanente de cette France que nous aimons tous d'une affection si pure, et pour le salut de laquelle aucun de nous n'hésirait à sacrifier sa vie!

—

BULLETIN DE LA RÉPUBLIQUE. Nº 25.

MINISTÈRE DE L'INTÉRIEUR.

Paris, 6 mai 1848.

Citoyens,

La session de l'Assemblée nationale vient de s'ouvrir sous les plus heureux, sous les plus dignes auspices; et la journée du 4 mai devra marquer à jamais dans les fastes de la France.

Un temps magnifique favorisait cette solennelle inauguration; et dans la foule immense qui affluait, mais sans tumulte et sans désordre, aux abords du palais destiné aux séances, pas un visage qui ne fût radieux, pas une attitude qui n'annonçât le calme, la confiance et le recueillement intime avec lequel on contemple les évènements qui font époque dans la vie des peuples.

Bienvenue cordiale, esprit de concorde et de fraternité, voilà ce que les représentants arrivés des départements ont pu lire sur les physionomies si ouvertes, si intelligentes de nos enfants de Paris, et le début des travaux de notre Constituante a véritablement présenté le caractère d'une fête de famille.

Comment donner une idée exacte du frémissement électrique qui a parcouru l'Assemblée et les tribunes surchargées de spectateurs, au moment où le Gouvernement provisoire est entré dans la salle, et où un immense cri de *vive la République!* parti spontanément de toutes les bouches, a salué cette apparition?

Comment peindre cet enthousiasme si communicatif,

cet élan, ces gestes pleins d'énergie et de passion, cette Assemblée entière se levant comme un seul homme, agitant en l'air les chapeaux et ébranlant les voûtes du vaste édifice sous ses acclamations redoublées?

Dès cette première manifestation, une sorte de solidarité s'était établie entre l'Assemblée et le peuple qui garnissait les tribunes; et à mesure que la séance a marché, ce sentiment d'entente et de confiance réciproques n'a fait que s'accroître.

Sans nous étendre sur les incidents si animés, si dramatiques de cette mémorable séance, il nous suffira de constater, citoyens, qu'à cinq ou six reprises différentes les acclamations les plus vives, les plus chaleureuses, émanées de l'Assemblée tout entière, ont salué la République et le Gouvernement provisoire.

Il nous suffira de constater qu'un membre ayant proposé le serment individuel à la République, l'Assemblée s'est levée tout entière comme un seul homme et a poussé avec un élan indicible le cri de *vive la République!* comme pour protester par cette énergique manifestation collective, de l'inutilité de toute démonstration particulière, de toute formalité surannée.

Un dernier épisode devait, d'ailleurs, achever de rallier à l'Assemblée toutes les sympathies. Sur la motion spontanée d'un membre de la Chambre, le Gouvernement provisoire, accompagné de tous les représentants en masse, est sorti de la salle et s'est rendu sur le péristyle du palais, afin de fraterniser avec le peuple.

Un instant après, en présence des milliers de citoyens qui couvraient les abords de la Chambre, les quais et les ponts, et d'une multitude de gardes nationaux sous les armes, et au bruit des salves de l'artillerie, les membres du Gouvernement provisoire et ceux de l'Assemblée ont poussé de nouveau le cri unanime de *vive la République!* auquel la grande voix du peuple a répondu comme un immense et sympathique écho. Les drapeaux de la garde nationale et de la ligne, que l'on est allé chercher dans les casernes les plus rapprochées, ont été apportés pour donner une consécration de plus à cette solennelle manifestation, et pendant quelques minutes les environs du palais national ont offert le plus imposant spectacle qu'il puisse être donné à une grande nation de contempler.

On a vu les membres du Gouvernement provisoire et ceux de l'Assemblée serrer fraternellement la main de nos braves ouvriers et de nos gardes nationaux, tandis que de douces larmes de joie coulaient de tous les yeux.

Quiconque, citoyens, aura eu le bonheur d'assister à cette scène remplie des émotions les plus capables d'exalter l'âme et l'imagination, aura emporté dans son cœur, avec le souvenir impérissable de cette grande journée, une confiance entière dans la stabilité de notre jeune République et dans les hautes destinées réservées à la patrie.

FIN.

Le Mans. — Imp. de Julien, Lanier et Cⁱᵉ.